丹下健三と隈研吾

東京大会 1964 / 2020 の建築家

KENZO TANGE
-KENGO KUMA

Architects of the Tokyo Games 1964/2020

———

隈 研吾＋豊川斎赫
Kengo Kuma　　*Saikaku Toyokawa*

Kenzo Tange – Kengo Kuma:
Architects of the Tokyo Games 1964/2020

First edition published in Japan on December 23, 2024

Author: Kengo Kuma, Saikaku Toyokawa
Publisher: Akira Watai
    TOTO Publishing (TOTO LTD.)
    TOTO Nogizaka Bldg., 2F
    1-24-3 Minami-Aoyama, Minato-ku
    Tokyo 107-0062, Japan
    [Sales] Telephone: +81-3-3402-7138
            Facsimile: +81-3-3402-7187
    [Editorial] Telephone: +81-3-3497-1010
    URL: https://jp.toto.com/publishing
Designer: Kenya Hara, Shimpei Nakamura
        (NIPPON DESIGN CENTER)
Printer: Sannichi Printing Co., Ltd.

Except as permitted under copyright law,
this book may not be reproduced, in whole or in part,
in any form or by any means, including photocopying,
scanning, digitizing, or otherwise, without prior permission.
Scanning or digitizing this book through a third party,
even for personal or home use, is also strictly prohibited.
The list price is indicated on the cover.

ISBN978-4-88706-412-6

フランスでの展覧会を迎えて

隈 研吾

　まず考えたことは、ふたつの時代（1964年、2020年）の対照性を見せたいということだった。高度成長期のイケイケの時代と、低成長、高齢化の地味な日本との対比を、丹下健三と僕の建築の対照性——たとえばコンクリートと木——を用いて、フランス人に理解させたかった。

　ところが蓋をあけて、パリの展覧会会場をゆっくりと歩き回ったら、想像していたのとはまったく逆に、ふたりの建築が、意外と似た雰囲気を醸し出していて、驚いた。日本という小さなフレームの中で見たら対照的だったものが、ヨーロッパという距離から見たら、ひとつの精神を表しているように見えた。コンクリートと木は違っても、素材を扱う時の、丁寧な手つきは、日本人共有のものがあるように、僕も感じた。

　もうひとつ考えられる理由は、展覧会を企画していた2023年の春から見返したら、1964年と2020年は対照的に見えたが、2024年の5月という新しい距離から振り返ると、ふたつの時代は、同じように、平和でのどかなものに感じられてきたのである。それほどに世界情勢は急変しているし、それほどに環境問題は危機的様相を呈してきた。

　その新しい危機的な状況に対応するためには、日本対西欧という枠組とも、高度成長対低成長という枠組とも異なる新しい枠組と行動力とが必要とされているのではないか。そう思いついたら、いてもたってもいられなくなって、僕はパリの会場を飛び出して、オリンピック前の交通渋滞で車がまったく動かないパリの街を、自分の足で走り始めたのである。

目次

フランスでの展覧会を迎えて　隈 研吾　　003

丹下の時代、隈の時代　隈 研吾　　006

「丹下健三と隈研吾」展の開催趣旨と3つの課題　豊川斎赫　　010

1 代々木競技場と国立競技場

1-1　ランドスケープ　　022

1-2　線　　028

1-3　軒　　036

1-4　アーチ　　042

丹下建築の改修、実践を通じて　木村知弘　　048

2 石元泰博撮影『桂』から見た成城の自邸と竹屋

2-1　石元が活写した桂と丹下自邸の幾何学　　052

2-2　桂の素材感と竹屋　　058

| 2-3 | 多様な素材 | 062 |

桂離宮で結ばれる時代とひと　木村宗慎　066

わたしの建築と、わたしたちの建築　原研哉　068

3 パリの丹下／パリの隈

| 3-1 | パリの丹下 | 072 |
| 3-2 | パリの隈 | 078 |

父、丹下健三とのパリの思い出　丹下憲孝　084

年表──ふたりの世界的建築家の足跡と世相　088

英訳録／English translation　092

略歴　114

クレジット　115

丹下の時代、隈の時代

隈 研吾

丹下健三がデザインした国立代々木競技場を見て、あまりの美しさに衝撃を受けた。その日に、建築家になろうと心に決めた。

その日を今も鮮明に覚えている。1964年の秋、東京でオリンピックが開催された。父は僕を、水泳の会場の代々木競技場に連れて行ってくれた。渋谷駅からの坂道の向こうに、不思議な形をした建築が現れた。コンクリートの2本の塔が、天を突き刺すようにそびえ立ち、そこから美しい曲面を描く屋根が吊られていた。高い建物のほとんどない1964年の渋谷の雑踏から突き出した代々木競技場は、突然の閃光のようであった。

巨大な巻き貝に引き込まれるようにして競技場の中に足を踏み入れると、天上から光のシャワーが激しい音をたてて降り注いできた。それは天井からではなく、まさにはるかかなたの天から、神の国から降り注ぎ、曲面を描くシルバーの天井で反射を繰り返しながら、プールの水面に降り注ぎ、水面はそのエネルギーに満ちた光を浴びて、キラキラと輝いていた。

こんな空間は見たことがなかったし、このような光を経験したことがなかった。「これ、誰がつくったの?」と父親に小声で尋ねたら、「丹下健三という建築家がデザインしたんだ。」という答えが返ってきた。その日に、僕はその「建築家」というものになろうと、心に決めた。

その日まで僕は、ずっと獣医になりたいと思っていた。猫や犬と話したり遊んだりするのが好きで、獣医になれば、ずっと彼らと一緒にいられると考えていた。しかし、その日から、毎日建築のことばかり考えるようになった。毎週土曜日には横浜から電車に乗って、代々木へ泳ぎに行った。

そんな少年に、様々な偶然が重なって、それから半世紀後に、オリンピックの競技場の設計に携わることになった。スケッチをしながら、繰り返し頭をよぎったのは、1964年と、第2回の2020年は、どう違うかということであった。

突き詰めていけば、僕らはどんな時代を生きていけるかという問いであり、この時代が、どんな建物を必要としているかという問いである。

1964年の日本は、右肩上がりの高度経済成長のど真ん中にいた。1945年の敗戦で、日本は徹底的にアメリカに叩きつぶされた。戦前の東京は木造の平屋や2階建ての建物が建ち並ぶ、フラットな街であった。アメリカのように、高層建築が建ち並ぶ都市に生まれ変わることが、国家の目標であり、建築家たちの目標であった。丹下健三は、時代の空気を読む天才であったし、その空気を建築に翻訳する天才であった。

その目標を達成するために、丹下が選んだのは、コンクリートと垂直性というふたつの道具であった。木を使って高層都市をつくることは、物理的に不可能であり、コンクリートに頼るしかなかった。水平性を基調とする日本の伝統建築のデザインも、高層都市をつくることには適し

ていなかった。丹下も、その弟子たちが主導したメタボリズムも過剰なまでの強い垂直性で、建築の全体をコントロールしようと試みた。代々木競技場で真っ先に僕の目に入った、2本のコンクリートの支柱は、丹下のふたつの武器の象徴であった。

　体育館という施設が必要としているのは、低層の大きなヴォリュームであって、そもそも垂直性は不要である。しかし、丹下は吊り構造という、吊り橋には用いることがあっても、建築ではほとんど使われることがなかった新しいテクノロジーに挑戦することで、垂直な体育館というアクロバットに成功し、「新しい東京」のシンボルを創造したのであった。

　さらに丹下において驚くべきことは、丹下が高く大きいことだけに満足しなかったことである。高く大きい建築は、丹下の後、高度経済成長の旗頭のもとに、日本の大手設計事務所や建設会社によって、限りなく複製された。「高層ビルの建ち並ぶ日本」という国家目標は驚くべきほどのスピードで達成された。しかし、その威圧的で退屈な高層ビル群の中で、丹下の建築は決して色あせない。

　なぜなら丹下が、日本という場所を忘れることがなかったからである。丹下は自分が日本人であることを決して忘れなかった。古代から日本の人が、この気候、風土の中でつくり続けてきた建築の延長線上に、自らの建築を立ち上げようという気持ちを、失わなかった。だから代々木の屋根の端部には、伊勢神宮の千木のような斜材が載り、唐招提寺の瓦のような大らかなうねりが、金属の瓦棒で復唱されたのである。

　では、2020年の日本はどのような建築を必要としているか。まず今や、高い建築も大きな建築も、まったく必要としていない。世界でも最も早く少子高齢化が進む国のひとつであり、財政破綻寸前のこの国に、もはや高い建築も大きな建築もいらない。逆に必要なのは、若くもなく、元気もなく、ストレスと疫病で疲れ果てた人びとをやさしく守るような、やわらかくて小さな建築である。敷地である神宮外苑の森は、もともと明治神宮を守るためにつくられた森であり、その森の中心に建つ建物は、地面を掘り込み、可能な限り、建物を低く抑えた。

　その控えめなヴォリュームは、重なる庇によって、さらに水平に4分割される。庇によって雨を防ぎ、自然の風を取り入れるのは、日本の伝統建築の基本的な環境デザインである。丹下が垂直性を強調して、高さをアピールし、大地から屹立したイメージを創造したのとはまったく逆に、水平性を武器として、建物と大地とのつながりを実現し、風通しの良い、森とつながり、森に溶け込む建築を目指した。

　その控え目な水平のヴォリュームの主素材は木である。1964年の丹下が、日本の高度成長を支えたコンクリートと鉄という物質の力強さを強調したのに対し、2020年を生きるわれわれは、日本人が古くから親しんできた木という素材を選んだ。外壁も、庇も、木に覆われ、主構

造は鉄骨造であるが大屋根を支える構造体も、鉄と木との混構造である。地球温暖化を加速することが指摘され、日本の高度経済成長の主役でもあった現場打ちのコンクリートは、可能な限り避け、カーボンフットプリントがはるかに小さいプレキャストコンクリートに置き換え、基礎さえもプレキャスト化した。

　木とプレキャストコンクリートは共に、「小さな部材」である。現場打ちのコンクリートが、ぬめぬめとひとかたまりにつながった「大きな素材」であるのとは対照的に、木もプレキャストコンクリートも、パラパラと分節された「小さな素材」である。「大きな素材」は、人を威圧するマッチョな物質であり、一度固まってしまったら、二度と解体も変更もできない取り返しのつかない素材である。取り返しのつかないことが、強さを表現し、不滅性、永続性を表現した。

　しかし実際のところは、現場打ちコンクリートには、数年経てばクラック（ひび）が入り、クラックから侵入した水は内部の鉄筋を腐食させる。強く見えていながら、最も弱く、もろい素材だったのである。

　一方、そもそもパラパラと粒子化されている木やプレキャストコンクリートは、いつまでも足したり引いたりすることのできる、取り返しがつく素材である。傷んだところがあれば、その部分だけを取り換えることができるし、建物の使い方の変化に応じた足し引きも自由である。だからこそ、木造の法隆寺は、1,300年を超える長い歳月を、部材を足したり、引いたりしながら生きながらえてきたのである。丹下が目指した「大きく」て「不滅」な建築に対して、僕らは「小さく」て「取り返しのつく」建築を提案しようと考えたのである。

　そして「小さく」て「取り返し」がつく建築は、人びとが参加できる建築でもある。建築家やスーパーゼネコンのような「大きな主体」だけが参加する「大きな建築」に対し、小さくて「取り返しのつく」建築には誰もが参加することができる。日本の木造建築は、そのようなかたちで、誰もが参加できる民主的な建築であった。建築家と呼ばれる「大きな主体」は日本には存在したことがなく、職人たちが技を競い、お互いをリスペクトし、調整しあいながら、「小さな」物のゆるい集合体をつくり続けてきたのである。

　木を使えば、このような「小さな」建築が自動的にできるというわけではない。日本では小径木と呼ばれる径150mm以下の細い木材を巧みに組み合わせ、繰り返しおそってくる地震や津波などの自然災害に鍛えられながら、その方法を深化させてきたのである。2020年の競技場は、そのような小径木の木造の追究によって、現場打ちコンクリートの建築の真逆の方法の可能性を探った。

　80,000人が収容可能なスタジアムは、全体としてみれば大きな建築にならざるを得ない。しかしどんなに大きな全体も、小さな粒子のゆるい集合体としてデザインできることを、日本の伝

統建築が教えてくれた。4つの庇を重ねることによって、まずヴォリュームを砕き、庇の軒裏を構成する垂木には、105mmという、小さな住宅で見慣れた、なつかしい柱寸法を用いた。その細い垂木は、それぞれの方位に従って、ピッチを変化させながら並べられ、方位ごとの風の流量を調整している。「小さな」部材を組み合わせることによって、このようにしなやかで有機的な機能を、大きな建築の中にも内蔵させることができたのである。

　その垂木や屋根の木材は、ピッチの変化によって様々に表情を変え、さらに、その樹木の産地の違いによっても、色合い、肌合いを微妙に変化させている。

　当初は、ひとつの産地を選んで、その木材で均一で整った表情を生み出そうと考えた。しかし、日本は小さい国ではあるが、南北に長く、日本海側と太平洋側でも気候がまったく異なり、同じ杉材にしても、場所によってまったく異なる色合いであることに気づいた。そこからひとつを選ぶのではなく、47都道府県の木材をすべて使うことで、この国の多様性を正直に示すことが、均質性と正確性を追究してきた工業化社会のまじめな日本に対する、アンチテーゼを示すことになるかと、思い至った。

　その多様性の追究の最後に思いついたのが、観客席の椅子の色をバラバラにすることだった。たくさんのスタジアムを見てきたが、椅子の色はほぼ青か赤か白かの一色と決まっていて、それが空席となると、歯抜けの状態がとても寂しく感じられた。最初から色をバラバラにしておけば、空席だらけでも寂しくない。

　均質にしようとしても、そもそも多様でしかない人間が、身勝手な使い方をするのだから、均質になりようがない。ならば最初から開き直って、バラツキとノイズだらけの建築にしておけば、どんな使い方をされても、何が起こっても、へっちゃらである。

　そうしたら、実際に、コロナという予想外な出来事が起こってしまった。観客をひとりも入れないで、オリンピックを開催しろという、とんでもないことが起こってしまったのである。

　その時、このバラバラの観客席は、僕が予想もしていなかった力を発揮した。観客がいないにもかかわらず、観客で埋まっているような楽しさ、にぎやかさが、感じられたのである。

　アスリートからも、みんなに応援されているようで、力をもらいましたと、感謝された。

　僕はそのひと言に、とてもはげまされた。工業化の後に、高度成長と人口増の時代の後にくる時代は、いってみれば、バラバラとしか観客の入らない、寂しくてみじめな時代である。しかし、そんな時代にも、人間を励まし、癒し、元気にする建築があり得るのではないか。それは小さくて、バラバラで雑多なものたちが、ゆるく集合した建築である。ノイズだらけで隙間だらけだけれど、そのノイズと隙間ゆえに、みんなが幸せになれるような建築。まだ始まったばかりのそんな建築を、僕はこれからもつくっていきたい。

「丹下健三と隈研吾」展の開催趣旨と3つの課題

豊川斎赫

1964年に開催された第18回オリンピック東京大会において国立代々木競技場（以下代々木競技場）が建設された。この競技場の設計者は丹下健三（1913-2005年）で、ふたつの体育館から構成される。第一体育館では水泳競技が行われ、約13,000人の観客を収容する。同様に第二体育館ではバスケットボール競技が行われ、約3,000人の観客を収容する。その後の2021年に開催された第32回オリンピック東京大会において、代々木競技場はハンドボール会場として活用された。

第32回オリンピックでは、約80,000人の観客を収容する国立競技場が陸上競技会場として整備された。設計者は隈研吾（1954年-）であり、木製軒がスタジアム外周を取り巻き、神宮外苑の森の中に佇んでいる。

第32回オリンピックと並行して、東京・湯島の国立近現代建築資料館にて「丹下健三1938-1970 戦前からオリンピック・万博まで」展が、東京・竹橋の東京国立近代美術館で「隈研吾展 新しい公共性をつくるためのネコの5原則」が開催された。しかし、いずれの展覧会もコロナ禍のため海外からの見学者が極端に少なかった。このため、第33回オリンピックパリ大会に際し、東京オリンピックのレガシーである代々木競技場と国立競技場を世界中の識者に紹介し、代々木競技場の世界遺産登録を推進する展覧会が企画された。

今回の展覧会を企画するにあたって、以下3つの課題を解決する必要があった。

　①代々木競技場と国立競技場を比較対照し、両競技場の魅力を国内外の識者に伝える。
　②ふたりの建築家の共通点と差異を明快に示す。
　③ふたりの建築家がパリから受けた影響やパリでの活動をコンパクトに紹介する。

以下の3つの文章は各課題に対する本展覧会キュレーターによる試案であり、パリ日本文化会館での展示構成に符合している。

・ひとつ目の課題：ふたつの競技場の比較対照は可能か

ふたつの競技場は東京に建設されたオリンピック施設である点で共通する。しかし国際情勢、経済状況、建築デザインの視点から捉えると、ふたつの競技場が建設された時代背景はまったく異なっている。

まず国際情勢から見れば、第二次世界大戦の敗戦国であった日本は1964年のオリンピックを開催することで平和国家として国際協調を謳い、驚異的な戦後復興を世界にアピールすることに成功した。代々木競技場は当時の日本が有していた力強さや情熱を最も象徴する施設であった。その後の国際秩序は中東戦争、東西冷戦の崩壊、EU統合、米中対立、コロナの蔓延によって大きく揺れ動き、2021年の東京オリンピックは無観客状態で開かれた。

　経済状況から見れば、代々木競技場は日本の高度経済成長期に建てられた。その後、1972年にローマクラブによって成長の限界が提唱され、20世紀末から日本は長きにわたる不況に突入した。この不況を脱する起爆剤として2度目の東京オリンピックが位置づけられ、その象徴として国立競技場が建設された。一方でオリンピック競技施設の巨大化や、オリンピック利権をめぐる広告会社の暗躍が問題視され、近年ではオリンピックそのものの開催意義が問われている。

　建築デザインの視点から見れば、1960年代前半まで日本国内では近代建築とコンクリートに対する期待が高かった。特にRC造打ち放しによるブルータルな建築表現が世界中で流行していた時代に代々木競技場が建てられた。同時に1950年代からシェル構造とサスペンション構造への期待が高まり、世界中で様々な大屋根建築が生み出された。代々木競技場は最も難易度の高いサスペンション構造として世界的名声を博した。その後、近代建築への激しい批判とポストモダニズムの隆盛を経て、地球環境への配慮や木質素材への期待が高まり、国立競技場が建設された。

　ここで触れた3つの視点のいずれにおいても、1964年と2021年の間には不可逆的な変化が起こっている。この結果、ふたつの競技場を無自覚的に比較し評価することは大きな困難を伴うことが分かる。

　一方で建築デザインの流行がいかに移り変わろうとも、代々木競技場は圧倒的な存在感を放ちながらグローバルシティ東京に建ち続け、顕著に普遍的な価値を有する近代建築となった。その背景として、20世紀に建てられた近代建築の多くが解体されつつある中で、代々木競技場はその姿を変えることなく多くの市民に愛される公共施設として維持されてきた点が見逃せない。同時に代々木競技場は設計者の意図を継承しつつ適切な管理を続けた結果、今日の東京において最も稼働率の高いイベント会場のひとつとなっている点も指摘できよう。今後、国立競技場も代々木競技場のように市民に愛され、末長く使われていくためには、施設そのものの魅力をうまく提示することが重要であろう。

筆者はふたつの競技場を比較対照することの難しさを認めつつ、うまくキーワードを設定すれば、代々木競技場の現代性を確認できるのと同時に、国立競技場に秘められた魅力を発見する契機になる、という問いを立てた。そしてこのキーワードにリアリティーを与えるのがふたりの写真家が撮影したモノクロ写真であった。特に代々木競技場については写真家・石元泰博が撮影した写真を用いる。石元は戦後日本を代表する写真家のひとりで、写真集『桂―日本建築における伝統と創造』（イエール大学出版局［英語版］、1960年）は日本建築の素晴らしさを世界に知らしめた。石元が撮影した代々木競技場のモノクロ写真には圧倒的な存在感と崇高さが投影されており、半世紀以上前に撮影されたとは思えない訴求力と現代性を有している。一方の国立競技場については写真家・瀧本幹也に撮り下ろしを依頼した。瀧本は現代の日本で最も著名な写真家のひとりであり、CMや映画撮影でも国内外で高い評価を得ている。

・ふたつ目の課題：ふたりの建築家の共通点と差異を例示

ふたつ目の課題について、ふたりの建築家の共通点と差異を確認するため、本展覧会では競技場と最も対極にある住宅にフォーカスを当てることとした。ふたつの競技場はいずれも巨大な公共建築で、オリンピック期間中に選手・来賓・数万人の観客を受け入れるため、意匠・構造・設備の高度な統合が要求される。これに対して、住宅は競技場に比して施主の個性や設計者の感性が反映されやすい。

　1953年に竣工した丹下自邸は丹下自身が施主であり設計者のため、予算の限界や家族からの要望がありつつも自由に設計できたと推測される。本図録に掲載された石元撮影による桂離宮と丹下自邸を比較すると、ふたつの建物が驚くほど類似していることが分かる。石元は桂離宮を撮影するのと同じ姿勢で丹下自邸を撮影し、丹下自邸に潜む水平垂直の美学を取り出している。

　なお、丹下は1955年に桂離宮を見学に行った際、「細い木割と、真白い障子や深い庇のおりなす美しい比例も、強い勾配をもった、重た過ぎる屋根との明らかな不調和によって全体としては死んでいるとしか感じられなかった」と酷評している。ただし、家に帰って桂離宮を思い起こすと、丹下自身の心の中で「何か緊張した空間と、比例が、生きもののように尚まだ生きているのを感じる」（丹下健三「グロピウスが残した余韻」『グロピウス博士の日本文化観』彰国社、1956年、p. 380）と告白している。丹下の心の中で桂離宮は幾何学と比例に還元され、創造的なモチベーションの一部になっていたことが分かる。

一方、石元が撮影した桂離宮は、幾何学と同時に多様な素材感の抽出にも力点が置かれている。例えば桂垣、月見台、庭石を撮影した写真からは石元の素材に対する並々ならぬ関心が読み取れる。そこで筆者は、石元の素材に対するフォーカスとアングルを借りれば隈作品の魅力を説明できるのではないか、と仮説を立てた。
　隈が設計した竹屋は正確には住宅ではなくホテル所有のヴィラで、竹とガラスをふんだんに利用している。隈は竹に限らず木、石といった素材に強い関心を寄せ、様々な作品の中で多様な表現を実現しているが、筆者が知る限り竹屋こそが隈の設計思想をひとつの建築に簡潔に集約している。石元の桂離宮のモノクロ写真と竹屋のモノクロ写真を併置することで、隈が素材に対してもつ関心を際立たせることができるであろう。

・3つ目の課題：ふたりの建築家がパリから受けた影響やパリでの活動の紹介

丹下と隈がパリから受けた影響やパリでの活動を振り返ることは、戦後日本建築の黎明期と現代までのプロセスを辿ることを意味する。
　丹下は学生時代からル・コルビュジエの作品集を貪るように読んだが、1951年にロンドン郊外で開催された第8回CIAMに参加した際、ル・コルビュジエと面会を果たした。その後、生まれて初めてパリに滞在してル・コルビュジエのアトリエを訪問したほか、マルセイユのユニテ・ダビタシオンの施工現場を見学した。また、丹下はル・コルビュジエとシャルロット・ペリアンの共同作業に共感し、建築とインテリアの統合に強い関心を寄せた。例えば、丹下は自身が設計した東京都庁舎（1957年竣工）の知事室にペリアンがデザインしたテーブルを設えている。その後、丹下はパリに拠点を置いてアルジェリアなど中近東やアフリカでの設計に取り組み、1992年にパリ・イタリア広場にてグラン・テクランを設計した。
　一方の隈は2000年代からパリで設計する機会に恵まれ、アルベール・カーン美術館、サンドニ・プレイエル駅などを完成させている。前者について、アルベール・カーンは世界の五大陸の庭園の再現を夢見たが、隈はその思想に寄り添うように園路の延長線上に展示空間を計画している。また後者は2024年のオリンピックパリ大会会場の最寄り駅に該当し、隈は21世紀のパリ大改造に貢献している。

1

代々木競技場と国立競技場

1–1
ランドスケープ

丹下は、建築の造型の天才であり、形の時代を代表する建築家だと考えられているが、その才能は建築物だけではなく、ランドスケープに対しても、遺憾なく発揮されている。ただし、その発揮の仕方が、丹下の時代特有であった。

　丹下は、ランドスケープを、建築を引き立て、建築を突出させるための道具として、最大限に活用したのである。あくまで主役は建築であり、建築であり続けた。代々木競技場でも、その技は見事に発揮されている。

　代々木ではフラットな緑の上に建築が置かれているわけではなく、緑が大地から徐々に盛り上がり、緑はただでさえモニュメンタルな丹下建築を、一層際立たせている。その盛り上がった緑がなめらかに、建築へと転生していくのである。

　そのようなかたちで緑を使ったモダニズム建築を、僕は思い浮かべることができない。ル・コルビュジエは緑の上に、ピロティで建築を浮かべようと試みたし、フランク・ロイド・ライトもミース・ファン・デル・ローエも、緑の隣に、緑の近くに建築を建てようと考えた。代々木における緑の使い方はまったくユニークで、類を見ない。

　とはいっても、最終的に引き立てられ、主役にまつり上げられているのは建築物で、僕はそのことをくつがえしたいと、ずっと考えていた。

　2020年のスタジアムでは、4重の庇の上部に、4重の緑が植えられている。緑と庇とは対等で、やがて緑が成長してくると、庇の印象が薄れやがて消えていき、緑が主役になる日が来るのではないかと、僕はひそかに期待している。

　建物の脇にも緑が植わって、それを縫うようにして小川が流れている。このランドスケープは丹下の緑のように建物を引き立てるためにあるだけではなく、昔この地を流れていた渋谷川が、建物を引き立てるのとはまったく逆に、建物を浸食し、再び飲み込もうとしている様子を暗示している。

　20世紀には、渋谷川が埋められて、コンクリートの建物が建った。21世紀の後には逆に、渋谷川がよみがえって、建物の方が徐々に削られ、やがて消えていくことになるかもしれない。そんな夢のような逆転を、ランドスケープを通じて表現することができたらおもしろいと考えた。

（隈研吾）

明治神宮内苑・外苑の模型

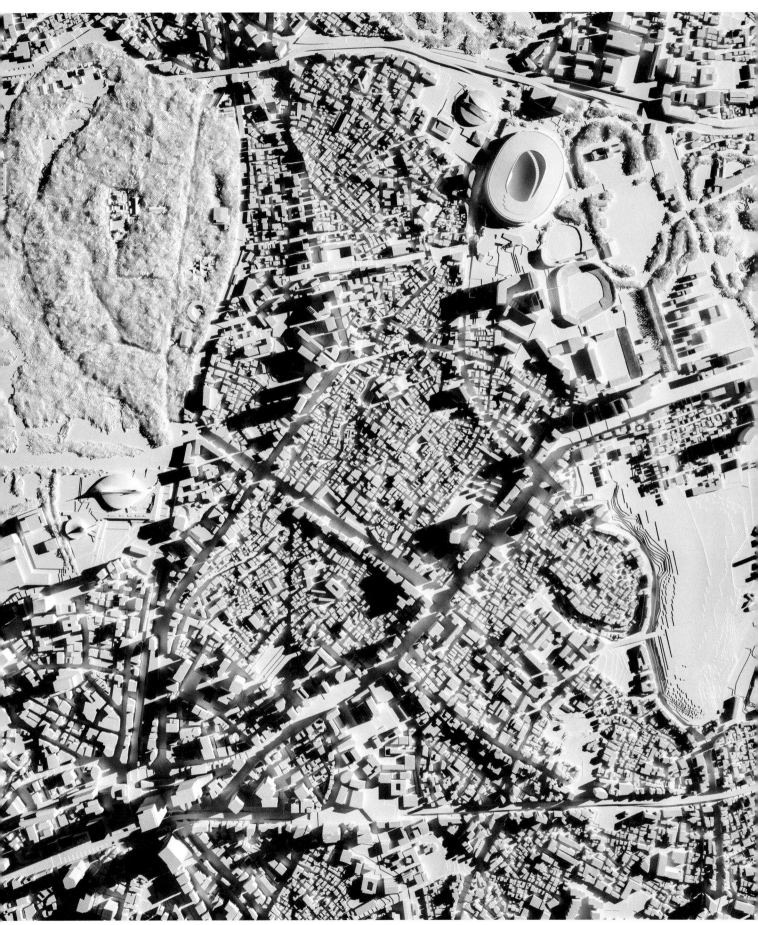

1　代々木競技場と国立競技場

代々木競技場から見た国立競技場

国立競技場から見た代々木競技場

1　代々木競技場と国立競技場

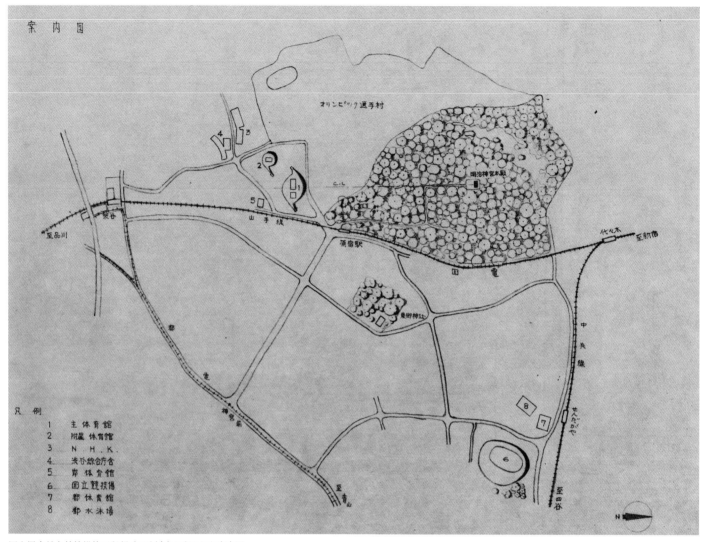

国立屋内総合競技場施工記録(1964年)に記された案内図

ランドスケープに関する補足

19世紀半ばまで代々木は江戸の辺境に位置し、江戸城を防衛するための武家屋敷が数多く置かれ、周辺には農地が広がっていた。江戸は1868年に東京に改称、1886年に青山と、1909年には代々木に練兵場が造営された。その後、明治天皇と皇太后を祀るための明治神宮が計画され、代々木練兵場の北には内苑を配して社殿が設けられ、青山練兵場には外苑を配して絵画館や運動施設が設けられた。その際、神宮内苑と外苑は一帯の景観を守るために風致地区に指定された。

第二次世界大戦終了直後の1945年9月、米軍騎兵第一師団は代々木練兵場にキャンプを設営し、同年12月に接収された。その後、GHQは日本政府に命じて数百戸の住宅、小学校、教会などから成る米軍家族用住宅集区(ワシントン・ハイツ)を建設させた。同様にGHQは外苑内の陸上競技場を接収し、ナイル・キニック・スタジアムと改称した。その後、ワシントン・ハイツとナイル・キニック・スタジアムは日本に返還さ

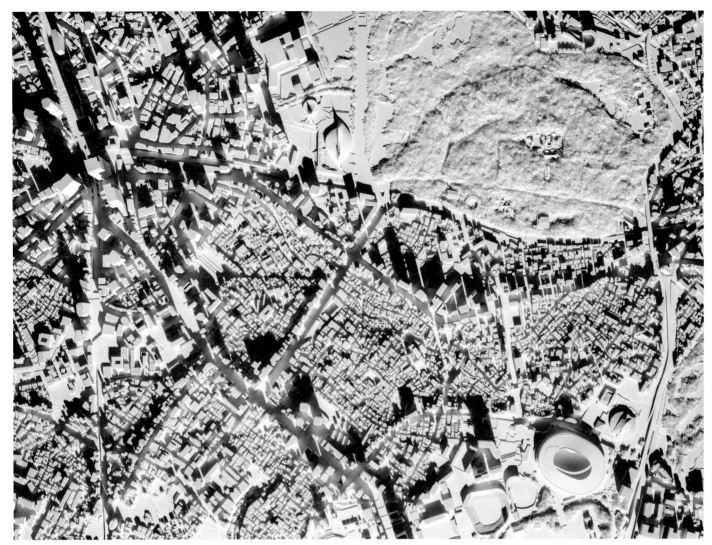

東京オリンピック2020時の神宮内苑・外苑

れ、前者には代々木競技場が、後者には旧国立競技場が建設された。

　空から東京都心部を俯瞰すると、神宮内苑、外苑、新宿御苑、赤坂御所、皇居は東京都心部の緑のネットワークを形成していることが分かる。この緑のネットワークに寄り添うように代々木競技場と国立競技場が計画されている。

　一方、JR渋谷駅を降りて日本有数の繁華街を横目に北に向かって坂道を登っていくと、小高い丘の上に代々木競技場が建っている。その視線の先に代々木公園や神宮内苑が広がっている。代々木競技場が渋谷の喧騒と明治神宮の静寂の間を取りもち、互いを調停する役割を担ってきたと言える。

　同様に、JR千駄ヶ谷駅を降りて建築家・槇文彦が設計した東京体育館を横目に坂道を下ると、国立競技場が建っている。東京体育館と国立競技場は共に周辺の街並みに配慮すべく極力高さを抑え、杜の中に建つスポーツ施設群を形成している。　　　　　　　　　　（豊川斎赫）

1　代々木競技場と国立競技場

代々木競技場第一体育館の屋根

1–2
線

　日本の建築は基本的に線の建築であると、僕は考えている。それは、主素材とした木材が、その生物としての制約上、線であることを免れることができないことに由来する。木材という線材を組み合わせ、織り上げることによって、日本建築という線の集合体、すなわち織物が、つくられてきたのである。
　現場打ちコンクリートを素材としてつくられてきた日本のモダニズム建築は、どろどろとした液体であるコンクリートという物質の制約を受けて、基本的に重くて風通しの悪いヴォリュームの建築にならざるを得ない。
　その限界に気づいていた丹下は、コンクリートの建築に、いかに繊細な線を導入するかに腐心した。金属のワイヤーを用いた吊構造という難易度が極めて高い仕掛け自体が、線をコンクリート建築に強引に導入するための、ある意味で一世一大の大芝居であった。ワイヤーを束ねた吊材を、いかに繊細な線として効果

国立競技場の屋根

　的に見せるかに、丹下は意識を集中した。線は隠すのではなく、特別な備え物であるかのように、丁寧に分節されている。
　大屋根への線の導入も、代々木の見せ場のひとつである。吊り材を屋根の上部に配置して、それを金属板で覆うことで、強い線として表現し、屋根にアクセントを与えたことは、この建築の最も特筆すべきディテールであった。シームが並ぶ屋根は瓦棒葺きと呼ばれ、薄い金属板が屋根を覆うようになった戦後日本の屋根に、線の美しいリズムをもたらした。丹下は巨大な屋根にふさわしいスケールをもった、モニュメンタルな瓦棒を発明したのである。
　逆に、木を主素材とする巨大な2020年のスタジアムでは、木という線素材の繊細さが全体の大きなヴォリュームに埋没し、面やヴォリュームとしてしか感じられなくなること、すなわち線が消えることを最も恐れた。そのために、鉄骨とい

1　代々木競技場と国立競技場

代々木競技場第一体育館内観

国立競技場のスタンド屋根

1　代々木競技場と国立競技場

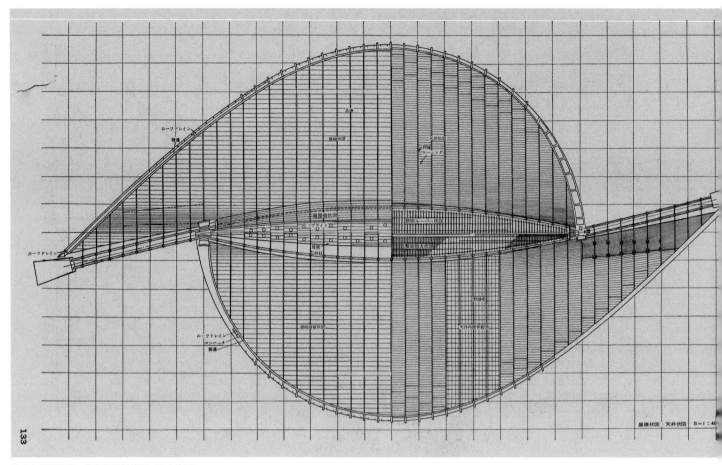

代々木競技場第一体育館屋根伏図・天井伏図

　う、より存在感のある線材を、アクセントとしてところどころで露出させ、線のリズムと透明感を建物に与えた。

　丹下の吊り材が、その時、線を直交グリッドからいかに外すかのチャレンジの到達点だった。ラーメン構造に代表される直交グリッドに支配された線には自由がなく、建築を固く閉じたものにしてしまう。丹下はそれを知って、直交グリッドから自由な吊り材として、線を用いた。2020年でもまた、線は、斜材として空中を舞い、90度という退屈な秩序を回避している。　　　　　　　　　　（隈研吾）

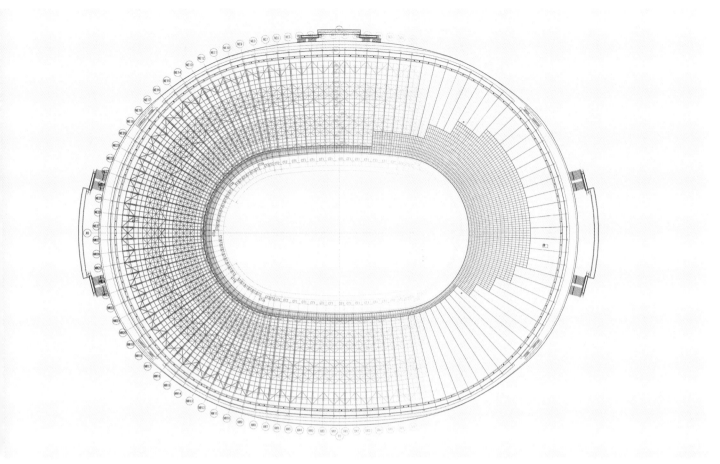

国立競技場屋根伏図・天井伏図

線に関する補足

代々木競技場第一体育館の屋根伏せ図を見ると、屋根面が2本の柱を結ぶ軸に対して水平・垂直に分節されていることが確認できる。一方で、この屋根面の端部（境界条件）となるメインケーブルやRC造スタンドが湾曲しているため、屋根面を構成する鉄板の多くが寸法の異なる形になることが分かる。丹下のもとで第一体育館の設計を担当したスタッフらは、鉄板の形を割り出すための幾何学的なルールを探し出そうと苦心惨憺したが、結局見つけることができず、鉄板を製造するメーカー担当者と丁寧に調整を重ねた、という。

代々木競技場第一体育館断面図

　また、第一体育館の内部から見上げると、美しい天井面が広がっている。この美しさを生み出す理由としてふたつ挙げられる。ひとつは天井板が吊り構造に沿って配置され、外観と内観が限りなく一致している。多くの体育館やホールにおいて大屋根を支える構造と天井面は乖離することが多い。例えばシドニー・オペラハウスでは美しいシェルの外観とホールの内観は一致していない。

　もうひとつの理由は、第一体育館には天井から空調や音響設備が吊り下げられていない。特に第一体育館では壁面に仕込まれた大きなノズルから温風や冷風を供給することで、館内の温度管理を行っている。このアイデアは空調エンジニア・井上宇市（ういち）によるもので、第一体育館は意匠・構造・設備が最も高い水準で統合した

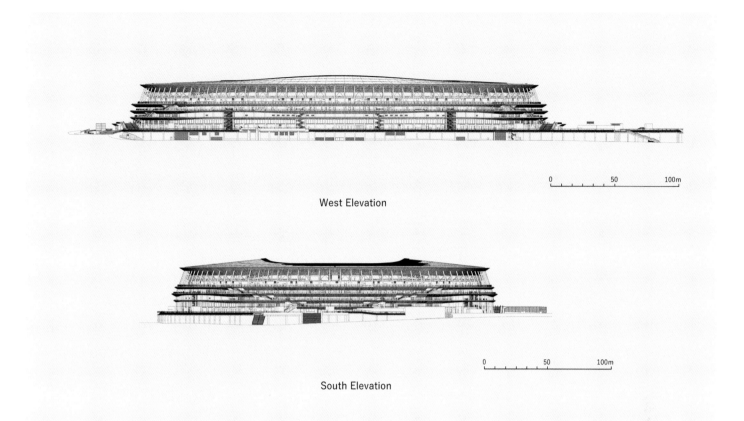

国立競技場立面図

建築と評価できる。
　国立競技場の屋根伏せ図を見ると、大部分をステンレス材が覆い、一部にガラスのエリアが設定されている。国立競技場を隣接するビルの上から眺めると、大屋根がダイナミックに湾曲し、それに沿いながらステンレス材が美しい線の集合を成していることが分かる。また、一般にフィールドの天然芝を育成するには自然光が必要となる。このため国立競技場の屋根面の南東寄りにはガラスのエリアが設けられ、できるだけ自然光を採り入れる工夫がされている。フィールドに立ち、ガラスの直下から天井面を見上げると、約60mの片持ち梁の集合が美しいシルエットを織り成している。

（豊川斎赫）

代々木競技場第二体育館の軒裏

1-3
軒

モダニズムは、勾配屋根と庇を否定し、工業化に最も適したコンクリートのボックスに人間を閉じ込めようとした。コンクリートボックスには当然軒はない。

　しかし、丹下は軒が人びとを建築に招き入れ、軒が人間と自然とをつなぐことを熟知し、モダニズムの時代のただ中においても大胆に、そして巧妙に軒を建築へと導入している。

　代々木競技場の美しい屋根は、しばしば美しい反りのある唐招提寺の大屋根に例えられてきたが、それ以上に日本的であるのは、美しい軒の表現であると僕は感じた。アプローチには大屋根が張り出して、大きな軒下空間をつくり、陰影を生み出し、その軒下が、室内と室外、すなわち建築と自然とをつないでいる。光は『陰翳礼

国立競技場の軒裏

讃』の描写のごとく、床の白い御影石に反射して、軒を照らし上げる。軒を支える構造材とパネルのディテールに細心の注意を払うことで、丹下は日本の伝統建築を継承し、それを超えようとした。

　室内のプールの空間も、基本的には、室内としてではなく、大きな軒下空間としてデザインされている。トップライトと、床にバウンドする光のバランスをとりながら、やわらかな光で軒をいかに荘厳にするかが、丹下のインテリアデザインの主題であった。

　2020年のスタジアムは、もっとあからさまなかたちで、軒を建築の主役に据えた。1964年にはできなかったことが、2020年には、堂々と実現できたのである。外周の4層の庇とはすなわち、4層の軒であり、その軒を垂木によって、どのように分節し、リズムを与え

1　代々木競技場と国立競技場

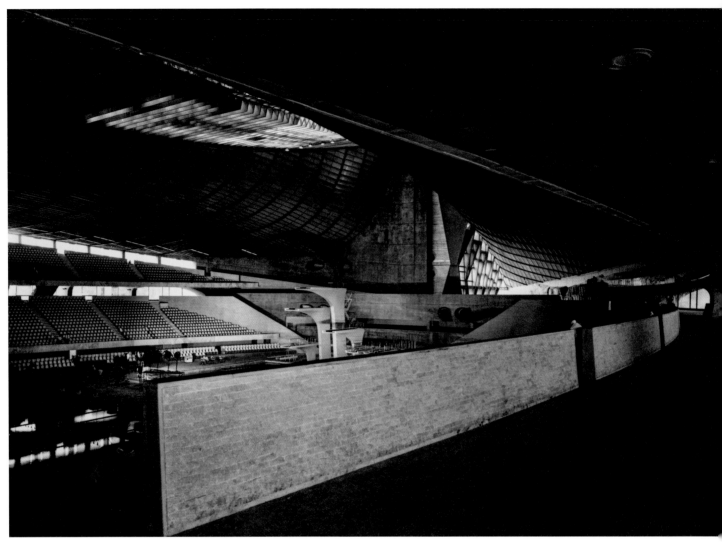

代々木競技場第一体育館の天井面

　るかに、デザインのエネルギーを注いだ。105mm角のヒューマンな寸法をもつ垂木は、方位に応じて、最適な風量を室内に導くためのフィルターとしてデザインされ、その機能的要求が、垂木に自然なバラツキとリズム感を与えている。

　スタジアム内部の大屋根は、60mの大きなキャンチレバー構造がつくり出す巨大な軒下空間であり、その軒は鉄骨と木の集成材とが織り成す、ひとつの織物としてデザインされた。その軒のやわらかなテクスチャによって、「木のスタジアム」は、雨からも、強い光からも、しっかりと守られているのである。　　　　　（隈研吾）

国立競技場のスタンド天井面

軒についての補足

代々木競技場のふたつの体育館の客席スタンドは円弧状のアーチに沿ったRC造の片持ち梁によって支えられている。このダイナミックな建築表現は1950年代に丹下が様々な作品でRC造打ち放しにチャレンジしてきたことの集大成と見なすことができる。当時の丹下に強い影響を与えた人物として、ル・コルビュジエが挙げられる。ル・コルビュジエはマルセイユのユニテ・ダビタシオンやインド・チャンディガールの行政施設でRC造打ち放しに果敢に挑戦し、世界的に注目を浴びていた。丹下はインドとマルセイユに自ら訪れ、ル・コルビュジエの作品群に触れ、コンクリートに内在する

1　代々木競技場と国立競技場

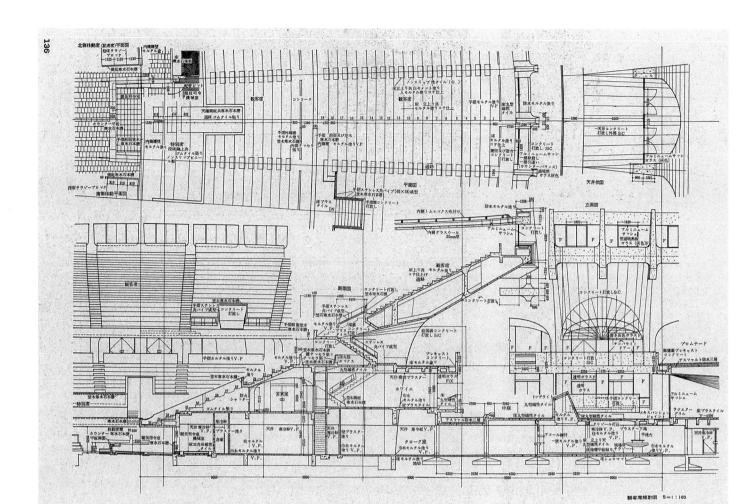

代々木競技場第一体育館断面図

　無限の可能性を確信した。
　また、丹下は構造エンジニア・坪井善勝と長く共同設計に取り組み、地震国日本において大胆なシェル構造の体育館を次々と実現した。当時の坪井はエドゥアルド・トロハやピエール・ルイジ・ネルヴィといった世界的構造エンジニアたちの取り組みを強く意識しつつ、それを凌駕する美しい構造デザインを心がけた。この点で、代々木競技場の力強い軒の表現は丹下と坪井の協働作業の結晶とも言える。
　なお、1970年代に代々木競技場を改修した際、外壁や軒に多くのクラックが発見されたため、RC造打ち放しの上からグレーの塗装を施し、コンクリートの長寿命化を図っている。

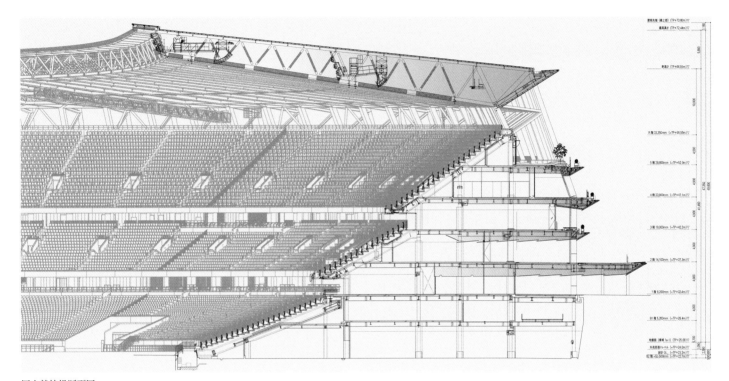

国立競技場断面図

　代々木競技場の軒が観客スタンドの構造体そのものでRC造打ち放しなのに対して、国立競技場の軒は幾層にも重なった木質の軒で、競技場外周を覆っている。木質の軒によって国立競技場の巨大な壁面の圧迫感が緩和され、競技場の内部と外部の快適な中間領域を形成している。また、国立競技場周辺の風環境を分析した結果、夏と冬に吹く卓越風が異なることが分かった。このため、夏にはスタジアム内の熱気や湿気を風の力を活用して排出し、冬には冷風を取り込まないよう、垂木のピッチを調整している。

(豊川斎赫)

代々木競技場第一体育館外観

1-4
アーチ

建築を合理的に支えるための偉大な知恵であったアーチを、モダニズムは、過去の因習として、表向きは否定した。しかし、すでにル・コルビュジエからして、アーチがいかに優れた道具であるかに気がついていて、アーチを巧妙なやり方で構造として、そして空間を定義する主役として多用している。

アーチは、西欧的な組積造の産物であり、木造を基本とする日本建築とは異質に感じられるが、実は日本建築においても、アーチ状にわずかに湾曲した大梁を用いたり、屋根にむくりと呼ばれるアーチ状の曲線を導入することによって、アーチの効果は様々に建築を豊かにしてきたのである。

代々木競技場でもまた、アーチは様々なかたちで建築に内蔵され、豊かにしている。観客席は大きく外側に張り出して、その下部に大きな軒下空間を生み出しているが、その軒下の張り出しを可能にしているのは、コンクリートを用いた大ス

国立競技場外観

　パンのゆったりとしたアーチ構造にほかならない。
　2020年のスタジアムでも、大屋根の中心部を3mだけ上にもち上げることで、長手方向に、ゆったりとしたアーチ構造が形成され、構造の安定性を向上させた。
　わずか3mのライズを与えただけで、構造は安定し、単調になりがちな大屋根は、むくりと呼ばれるやわらかさを獲得した。むくりは、桂離宮の屋根にも用いられている伝統的な技法である。中国の伝統的木造建築では、軒先をもち上げる反りと呼ばれる曲線によって、屋根を実際よりも大きく見せることに腐心した。一方日本では、まったく逆に、軒先を下げてくるむくりと呼ばれる曲線によって、建築を小さく見せ、周辺の環境になじませる手法を磨いてきたのである。この3mのライズのアーチは、むくりの手法の現代への翻訳である。　　　　　（隈研吾）

代々木競技場第一体育館外観

アーチに関する補足

代々木競技場第一体育館は構造的に以下3つの系から構成されている。
a) メインケーブルとスタンド外周との間に構成される吊り屋根面。
b) メインケーブル、メインポール(柱)、アンカーブロック、ストラットの間で吊り橋と類似の釣り合い系を形成し、屋根面からの力を主な荷重とする中央構造。
c) 屋根面からの引張力とスタンド重量とで一種のバランス構造を形成している外周構造。

第一体育館の2本の柱は126m離れ、それと直行する横断面では最大120mスパンを有する。この体育館におけるアーチはcに記された外周構造に該当し、

国立競技場のスタンド天井

室内では観客を席まで誘導するスロープとなっている。アーチに沿ったスロープから体育館内部を見渡すと、アリーナのみならず、およそ全ての客席の位置を見渡すことが可能で、地震や火災といった非常時に観客が安全に避難できる計画となっている。

1950-60年代、世界中で吊り屋根構造の体育館やメッセが建設された。特にエーロ・サーリネンによるイェール大学ホッケーリンクでは、竜の背骨のような巨大なアーチを設け、それに直行する方向に吊り屋根を架けている。これに対して、代々木競技場第一体育館は湾曲するメインケーブルとRC造のアーチの間に架けられた屋根面が構造的に釣り合う点に特徴がある。

一方の国立競技場は構造的に3つの系から構成されている。

  a) 約60mの三角形断面片持ちトラスを連続させた大屋根

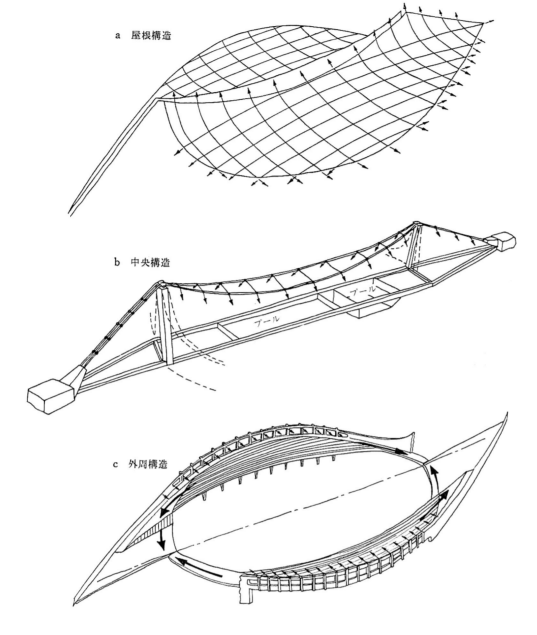

代々木競技場第一体育館構造概要図

b) 高い耐震性を実現する観客スタンド
c) 地盤改良を伴う直接基礎

　仮に国立競技場の平面がローマのパンテオンの如く正円で、大屋根の開口部も正円であれば、大屋根の頂部をフラットにすることも可能であった。しかし、実際には国立競技場の平面は楕円形で、大屋根頂部の開口部も楕円形のため、開口部の縁屋根面を3mむくらせ、アーチ効果を期待する必要があった。
　また、この大屋根は木と鉄を用いたハイブリッド構造で、60mの片持ち梁から成る。スタンド外周部に立つ白い円柱が60mの片持ち梁の端部を引っ張っている。これらの白い円柱が地下階に設置されたオイルダンパーに接続されることで、地震時の揺れが効率的に吸収されている。

（豊川斎赫）

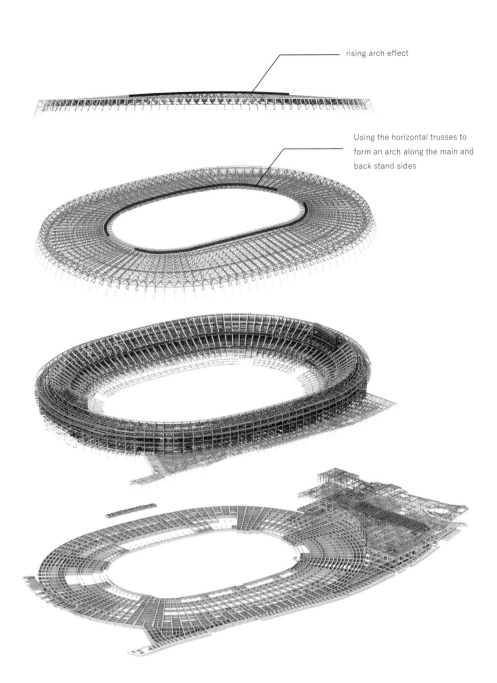

国立競技場構造概要図

1 代々木競技場と国立競技場

丹下建築の改修、実践を通じて

木村知弘
丹下都市建築設計 副社長

近年、文化的に価値のある近現代建築の保存・利活用について、国内、海外ともに注目されており、建築の保存・利活用のための改修の行為にも社会的な光が当たっているように思える。ゼロから価値を創造する新築の設計に比べて、改修設計は既存の建築を維持・保存をしていくという地味な作業ではあるが、大変意義のある行為であると思う。

私自身、丹下健三先生の名作といわれる建築の改修にいくつも携わってきた。
　これらの改修設計にあたり大切にしてきたことは、その建築の原設計の意図がなにかを考えながら、価値を損なうことがないようにすること。同時にこれからの時代に求められるバリアフリー化、耐震性の向上、環境負荷低減、施設機能・用途の改変などに適応させることである。その両立は、各建築の個別の特徴もあり共通の回答がないところが難しさだ。

国立代々木競技場は1964年の創建以降、屋根の再塗装、外壁の塗装、設備機器の改修、客席の新規取り換え等、何度となく行われてきた。「東京2020オリンピック・パラリンピック」の開催に向けては、構造体の耐震改修、バリアフリー化、屋根・外装の再塗装による美観の改修が行われた。現在は、スポーツ競技以外にもコンサートや展示会など様々な活用をされ続けている。まさに「リビングヘリテージ」を体現している建築となっている。

名建築といわれる建築が大規模な改修工事を経ても、価値ある建築として評価され認められている。国立代々木競技場は2021年、香川県庁舎東館は2022年、国の重要文化財に認定された。また良質な改修が行われ保存利活用されている建築を対象として2021年に、ドコモモ・インターナショナル「第1回リハビリテーションアワード」の審査があった。世界中で18の建築が受賞したうち、丹下建築である国立代々木競技場と山梨文化会館の2建築が受賞した。この評価は、創建後の改修において価値を損なうことなく維持管理・改修がなされてきたことが大きな評価要因となっている。
　これは、建物の所有者がその建築の価値をよく理解し、50数年にわたり、地道に改修をした成果にほかならない。維持管理の行為そのものに大きな意義があるように思う。

「成長のみが豊かさ」として考えられてきた時代から、「これから時代の豊かさ」とはなにかが問われている時代にある。歴史・文化的な価値ある建築の保存・利活用というテーマは「これからの時代の豊かさ」を体現できるテーマであると思う。

改修後の山梨文化会館外観

2

石元泰博撮影
『桂』から見た
成城の自邸と竹屋

新御殿と芝庭

2-1
石元が活写した桂と丹下自邸の幾何学

写真家・石元泰博は1921年アメリカ・サンフランシスコに生まれた。幼少期に両親の郷里である高知県に戻ったものの、高校卒業後渡米した。第二次世界大戦後、石元はシカゴのインスティテュート・オブ・デザイン（ニュー・バウハウス）に入学し、写真技法や造形感覚の基礎を学んだ。その頃、撮影の練習台にしたのがミース・ファン・デル・ローエ設計のレイク・ショア・ドライブ・アパートメントで、ミースの水平垂直の美学を、あおりを駆使して写真で再現する術を自らのものにした。

　1953年、日本を訪れた石元は濱口隆一の紹介で丹下と知己を得た。その後、

成城の自邸正面外観

　石元はMoMAのキュレーターであったアーサー・ドレクスラーと共に桂離宮を訪れ、撮影を行っている。その際、ミースのピロティと桂離宮の縁側が同じように見えた、と述懐している。このふたつの建物に共通する幾何学を取り出すために、石元は桂離宮の屋根部分を大胆にトリミングしている。それまで桂離宮を撮影した写真の多くは植物性のむくり屋根を含む建物全体を対象としてきた。これに対し、石元は桂離宮に潜む美しい幾何学にフォーカスを当て、木造の細い柱と梁、白い壁と障子が織り成す比例関係を写真で再現した。

　1955年7月、石元から桂離宮の写真を見せられた丹下はヴァルター・グロピウス、シャルロット・ペリアン、アーネスト・ロジャース、ジオ・ポンティらに書簡を送り、石元撮影の桂離宮写真集の出版を打診した。この結果、丹下とグロピウスの解説文がついた『桂』が1960年にイェール大学出版局より出版された。

南側から中書院・古書院を見る

成城の自邸の1階ピロティ

2　石元泰博撮影『桂』から見た成城の自邸と竹屋

月見台附近広縁

　一方で、1953年に東京・成城に丹下自邸が竣工した。この自邸の設計を担当した田良島昭によれば、自邸の初期案はミースのファンズワース邸を彷彿とさせる木造の平家建てであった。田良島自身が保管していたトレーシングペーパーには丹下自邸の検討プロセスが克明に記されており、木造平家建ての慎ましい住宅が徐々に広くなり、2階建てに拡張していったことが分かる。その際、丹下は日本の木造住宅で用いられてきた畳の規格寸法（1,800mm×900mm）ではなく、ひとまわり大きい規格寸法（2,400mm×1,200mm）を採用している。このことも丹下自邸が一般的な日本の木造住宅より横長で、美しいプロポーションを獲得できた理由のひとつとして挙げられる。

　石元が撮影した桂離宮と丹下自邸を比較すると、柱と梁のプロポーション、ピロティと障子のバランスが悉く酷似していることが分かる。丹下自身が桂離宮を強

成城の自邸2階からの庭の眺め

　く意識したこと、そして石元が丹下自邸と桂離宮に同質の幾何学を見出していたことが分かる。

　また、丹下が自邸の設計に取り組んでいた頃、同時に広島平和記念公園資料館本館と東館の設計に取り組んでいた。これらの建物はいずれもRC造であったが、特に後者はピロティ形式を採用した2階建てで、外周に細い柱とバルコニーが取り巻くデザインであったが、柱と梁の比例関係が丹下自邸と酷似している。

　一般に日本で建てられるRC造建築は地震に耐えるために柱と梁を太くせざるを得ず、無骨なデザインに陥りがちである。これに対して丹下は木造、RC造の違いを超越した位相で建築の比例関係を追求し、構造的な工夫を取り入れることで、地震国・日本においても美しい近代建築が実現可能であることを示したのである。

（豊川斎赫）

月見台展望

2-2 桂の素材感と竹屋

竹屋の工事が進んでいたある日、担当のインドネシア人スタッフのブディが、切羽詰まった声で電話をかけてきた。「竹がひどいんです。曲がっているし、寸法も色も不揃いで、ひどい！」

　尋常でない声の調子で、僕はすぐ万里の長城の現場に向かった。ところが予想に反して、不揃いの竹は、とても美しく感じられたのである。日本の几帳面な建設会社の手による、揃いすぎた竹よりも、はるかに自然であり、竹らしく感じられたのである。

竹屋茶室内観

　そこは桂離宮の延段に感じられるのと同じ性質の自由があった。延段も、そのデザインの基本は直線状の通路であり、直線という幾何学である。しかし、桂をつくった人びとは、自由な形状の自然石をもち込むことによって、幾何学を、すなわちロゴスの世界をピュシス、すなわち感性の世界へと転換したのである。
　その転換によって、桂は自由な世界となり、離宮、すなわちロゴスの支配する日常の世界を逃れた。ピュシスの楽園へと転換されたのである。中国の荒野に並べられた、曲がって不揃いの竹は、僕を思いもかけず、ロゴスの世界からピュシス

桂垣

　の世界へと導いてくれたのである。
　その転換が、日本からの脱出によってもたらされたことは、暗示的である。ロゴスを積み重ね、身動きがとれない窮屈な世界となってしまった日本から、2000年に相前後して、僕は脱出を試みた。脱出先の中国もヨーロッパも、日本の施工精度とは比較にならない、不揃いとノイズの世界であった。しかし、そのノイズが僕を解放してくれた。
　石元泰博という写真家にも、同じことが起きたのではないかと僕は想像する。

竹屋の竹スクリーン

ロゴスで支配されたバウハウスの美学をシカゴで叩き込まれた石元は、桂のノイズに出合って、救われたのではないか。彼は桂にバウハウスの方法を適用したのではなく、むしろ桂によってバウハウスのロゴス的方法を変質させたのである。当時の日本は、そのような触媒的な力を有する魅力的な場所だったのである。

(隈研吾)

園林堂脇の飛石

2-3 多様な素材

　産業革命の勝ち組であったイギリス・フランスがリードした構築的・形態主義的な建築潮流に対し、負け組のドイツ・オーストリアは非構築的で環境主義的・精神主義的な建築デザインをもって対抗し、勝ち組とは別の豊かさを呈示しようと試みた。20世紀の建築史はそう要約できる。勝ち組の建築家のデザインの方向を南方性、負け組のデザインを北方性と呼ぶこともある。例えば勝ち組のル・コルビュジエはギリシャ・ローマの構築性を引き継いで、「建築は光の下に集められた立体の蘊蓄である」と定義し、ブルーノ・タウトは発光する不定形な物体を「アルプス建築」と呼んで対抗した。そしてタウトは日本に出合うことで、日本の非構築的な建築や庭園——例えば桂離宮、伊勢神宮の石の庭——に出合って、自らの北方性を再確認して、新しい一歩を踏み出していくのである。

　一方20世紀の日本建築家たちは、南方性と北方性との間で引き裂かれていた

角川武蔵野ミュージアム外観

ように見える。アジアで最も早く産業革命に成功した「先進国」として南方性を追究するべきか、それとも伝統的な日本文化に内蔵された北方性に根ざし、アジアという産業革命に出遅れた場所の本質を見据えながら、環境主義的、精神主義的建築を深めていくべきかという問いである。

　この難問に最も真摯に向き合って、まさに身を裂かれるような思いで悩み続けたのが丹下健三であったと僕は感じる。彼は日本のモダニズムのリーダーであり、日本という国家の骨格となる建築と都市を、名実共にデザインするリーダーの立場にあった。富国強兵から戦後復興に至る国家目標の中で、国家は丹下に、先進的な工業社会に最もフィットする南方性、構築性を要請し続けた。しかし、丹下の血液に流れる北方性は、その国家の要請に対して激しく抵抗し続けた。その葛藤、苦悩が、丹下の建築に緊張感を与え続けたのである。

ちょっ蔵広場外観

　桂離宮を構築的、幾何学的に解釈しようとするMoMAと石元泰博チームの南方的性格の強い戦後デディケーションに同行しながら、上を向かずに、うつむいて庭石や建物の庭ばかりを暗い目つきで眺めていたのは、彼の北方性のなせる業であったと、僕は感じる。その時丹下が撮影した、奇妙にマニアックな写真にもその北方性が刻印されている。

　その時丹下は単に庭を眺めていたわけではない。丹下は庭というより、そこに大地を見ていたわけである。正確にいえば見ていたわけではなく、大地の声を聞こうとしていたのである。大地は、物質を通じて声を発し、そこでいう物質とは、いわゆる表層のテクスチャのことではなく、その奥から僕らの精神へと直接に届こうとする声である。その意味で丹下は、視覚的建築家ではなく聴覚的な建築家であった。

物質を視覚的にみると、物質はテクスチャという名の薄っぺらな表層へと堕落していく。ポストモダニズムにおける物質への関心、物質のリバイバルは、そのようなやり方での、物質への関心であった。

その丹下の軌跡に僕は深く共感する。僕はバブル経済の最中にプラクティスを始め、数年後バブル経済の崩壊で、東京のすべての仕事がキャンセルされて、地方を巡る旅に出た。南方性から北方性へと、大きく人生のカジを切らなければならなかった。その日本の辺境地で出合ったリアルな物質たちが発する声を聞くことが、その後の僕の建築の方法となった。日本の様々な場所には、様々な物質があり、様々な大地が隠れていたのである。 (隈研吾)

桂離宮で結ばれる時代とひと

木村宗慎

茶人

桂離宮は日本建築の鵺。かねがねそう思ってきた。鵺とは日本で伝承される妖怪のこと。猿の頭、狸の胴体、虎の手足をもち、尾は蛇という。異なる獣の寄せ集め。ギリシャ神話のキマイラ（Chimaira）にも似た怪物である。

　日本で最古の回遊式庭園、庭屋一如の象徴、など桂離宮を礼賛する言葉はあくまでも多彩である。庭と建屋が混然一体となって日本的な美を表現して余りある、との桂離宮評に間違いはないだろう。その一方で、とにかく素晴らしいものだ、という盲目的な色眼鏡を捨てて冷静に観察するとき、目の前に広がるのは、化け物じみた、寄せ集めの空間である。箱庭のなかに、数十年、数代にわたり幾人もの手で無邪気に、かつ執拗に詰め込まれた、書院に茶室、庭の四阿といった、ありとあらゆる数寄屋の要素。それらを完成度の高さ、と言い換えることも出来ようが、美を求める余りの過剰なこだわり、作為の毒が満ちた不健康の極致との見方もまた禁じ得ない。

　ブルーノ・タウトは、桂離宮を「涙が出るほど美しい」と礼賛し、返す刀で日光東照宮を「威圧的」かつ「珍奇な骨董」と酷評した。東照宮はikamonoにしてinchikiと軽蔑され、反対に桂離宮は

Moderne Qualitätすなわち「現代的品質」がある、と褒めたたえたのである。

　はたして本当にそうだろうか。見た目には大きく異なる両建築ながら、それは表層的な差異に過ぎず、両者を創り上げた発想、入念に過ぎる作為の病という点では同根ではないか。

　一方が将軍の権力にのみ許された豪華さの独占であるように、他方は京畿で育まれた数寄の洗練と王朝の風雅の極致にほかならない。

　日光の陽明門が一日中見ても飽きない「日暮し門」ならば、桂離宮もまた「瓜畠のかろき茶屋」という発端からは遠くはなれた数寄の理想郷、囲い込まれた人工美の頂点である。ことさら自然であるように見せよう、としている点において、桂離宮の方がよほど屈折していて、日光はむしろ素直に映る。

　数寄屋造りは、書院造に草庵茶室の風を併せることで生みだされた。桂離宮は、その数寄屋と日本的な回遊式庭園の、およそ考える限りほとんどすべての要素を組み合わせた壮大な実験場。当然のことながら、特徴的な情景を、どれかひとつに限ることなど出来ない。さまざまな試みの果てを垣間見て、われわれは表情豊か

な画になる景色の宝庫と褒めそやすのである。

　桂離宮に限って言えば、伝統的な鑑賞の流儀など無用。切り取り勝手、そこを訪れる人はみな、自分の見たい景色を見、見ようとする風景を切り抜いていく。ある者は西洋美術史の用語を以ってマニエリスティックな造形を見出し、また別の人はバロックに通ずる、と読み解く。もちろん日本的な侘び、寂びで論じ、手の込んだ造形を特筆する人もいる。

　一瞬の面影を裁断して遺す手法から、写真は古くは光画とも称した。案ずるに、これほど桂離宮を題材とするに好適の技法は無い。

　石元泰博の写真集『桂離宮　空間と形』によって建築家の丹下健三は「桂離宮を破壊する」と謳った。それは、当時一方の流行でもあった同時代の整いすぎた数寄屋論に対する反骨でもあったろう。

　例えば、丹下の建築と桂離宮の共通項を探せば、縄文と弥生の称揚という彼の持論を、その直線的な建屋の構成に見出し、現代、隈研吾の作品を考える時、竹や木、石組みといった素材の妙に視座が移る。

　桂離宮という試みの多様性と周到さは、個人の審美眼を現す試金石、同時代性を映す鏡ともなっているのである。

松琴亭二の間

わたしの建築と、わたしたちの建築

原 研哉
グラフィックデザイナー

日本の国情と経済文化の移ろいを象徴的に担うふたりの建築家の仕事である。

やや大仰な物言いになるが、人類は一世代限りの「生」を「わたし」と認識してしまった生き物である。連綿と世代を超えて続いていく生の連続を、ひとつの個体の生存の最適性を模索し続けたせいか、ヒトの脳は一世代の生に「わたし」という幻想を見立ててしまった。これによって、ヒト社会は個人の独自性や自由がことのほか尊重される「近代社会」へと、紆余曲折を経ながら辿り着いたわけである。精緻な技巧や装飾が王様の国の繁栄を演出する時代は過ぎ去り、合理性がそれにとって代わった。環境形成においては、素材・機能・かたちの関係は無駄なく簡潔に結ばれるようになった。いわゆるモダニズムの誕生である。合理的思考は国や社会のあり方のみならず、技術の飛躍的進歩と歩調を合わせ、建築やその思想に革命的な変化をもたらせた。

第二次世界大戦で大敗を喫した日本が、焦土から復興を遂げようとしていた時期においても、モダニズムと技術革新の影響は絶大で、それを最も端的に示せる才能を携えて、この時代に登場したのが丹下健三である。「わたし」が称揚される社会においては、才能ある個人の台頭は人びとを興奮させ、異形のモニュメントは喝采をもって受け入れられた。1964年の日本はまさに「わたし」が躍動する時代であった。

一方、2020年においては、世界の人びとの意識の潮流が大きく変わり始めていた。誤解を恐れずに言えば、それは「わたし」から「わたしたち」へと、社会をなす主語が緩やかに転換を迎えつつある時代ではなかったか。環境への危機意識の高まりや、欲望のせめぎ合いが生み出す矛盾が目の前に噴出し、「わたし」の奔放な表出が許されない空気が生まれ始めていた。ネット社会の到来も、個的な才能の突出を緩やかに阻む、不思議な圧力を生み出していた。記念碑的なるものの顕現を求められる建築家にとっては活動しにくい状況である。そんな中、風のない森で見事な飛翔を見せるムササビのように、自由闊達に建築の森を飛び回っているのが隈研吾という建築家である。「負ける建築」を標榜し、環境も世相も時代も施主も巻き込んで「わたしたち」という柔らかい主語を共創する能力は、同時代のどの建築家よりも突出している。

バウハウスを、シカゴのニューバウハウス経由で継承し、モダニズムの目で被写体を見る石元泰博による代々木競技場は、屹立する丹下健三の建築を手堅く写し取ったものだ。

一方、カメラの進化を感覚で捉え、表現を更新し続けている瀧本幹也は、屹立感のない隈研吾のフラットな「わたしたち」性を、俯瞰のアングルから見事に生け捕りにしている。

上：国立代々木競技場第一体育館と第二体育館
下：国立競技場の屋根

3

パリの丹下／パリの隈

草月会館外観

3-1
パリの丹下

1951年7月20日、丹下はロンドン近郊で行われた第8回CIAMに出席したのちにパリに降り立った。丹下は家族に宛てたはがきの中でパリを訪れるアメリカ人観光客の多さに触れ、「Parisの気分をこわすといって怒っている人が多いようです。が、英語がだんだん通用するので助かります」と綴っている。また、パリ滞在中にアンリ・マティスと面会し、マティスがニューヨークの超高層ビルに興味をもっていると聞き驚いている。というのもマティスは自らの手でロザリオ礼拝堂の隅々をデザインしていたためである。丹下はマティスとの面会後、これからの建築の課題が「手と機械の葛藤」となる、と確信するに至った。

一方、シャルロット・ペリアンは戦前から幾度か日本を訪れ、建築専門誌"L'Architecture d'Aujourd'hui"（1956年5月号）の中でアンドレ・ブロックらと共に日本特集を組んだ。その際、坂倉準三や前川國男といったル・コルビュジエの弟子たちの作品のほかに、丹下作品や石元撮影による桂離宮を紹介した。

1959年3月11日付けの電報で、ブロックは丹下が設計した旧東京都庁舎と草月会館に対して、同誌の第1回国際建築芸術賞が授与されると通知した。"L'Architecture

草月会館内観

d'Aujourd'hui"1959年2-3月号には丹下の受賞について以下のように記している。

「丹下健三氏、第1回国際建築・芸術大賞を受賞：1958年5月発行の本誌77号で、建築デザインの質の高さ、現代アートの建築への統合の成功、あるいはこれら2つの資質の組み合わせのいずれかが最も優れていると判断された作品の作者に報いることを目的とした国際建築・芸術グランプリの創設を発表した。

今年3月10日、A.A.編集委員会と芸術界の重鎮で構成される審査委員会が開催され、新しい才能の登用という観点から、すでに世界的に著名な建築家の作品をコンペティションから除外することが決定された。

第一次審査で過半数を獲得したのは、1958年に東京市庁舎と草月会館を設計した日本人建築家、丹下健三の作品だった。

丹下健三は、造形研究の感性、発明の力、素材の優れた使い方、細部の質など、幅広い資質を発揮しており、その作品には極めて個性的な創造的才能が表れている。

丹下健三はまた、広島平和記念公園と児童図書館、清水市庁舎、津田塾大学

LE CORBUSIER   Paris, le 13 Juin 1959

Monsieur KENZO TANGE
c/o l'Ambassade du Japon
24, rue Greuze
P A R I S   (XVIº)

Mon cher Tange,

        J'ai reçu une lettre émanant de l'Architec-
ture d'Aujourd'hui me demandant d'être "invité d'honneur" au
diner qui doit vous être offert. J'ai du renoncer à cette sa-
tisfaction étant donné que mes rapports avec les invitants
ne sont plus ce qu'ils étaient. Ceci, bien entendu, ne porte
absolument pas préjudice à l'estime très grande que j'ai pour
vous et vos travaux.

        Si pendant votre séjour, vous trouviez un ins-
tant pour que nous nous rencontrions, j'en serais ravi.

        Veuillez agréer, mon cher Tange, l'expression
de mes meilleurs sentiments.

                        LE CORBUSIER

35, RUE DE SÈVRES : PARIS (6º)
TÉL. : LITTRÉ 99-62

ル・コルビュジエが丹下健三に宛てた手紙

上：船上パーティーでの丹下健三とアンドレ・ブロック
中：船上パーティーの様子
下：船上パーティーでのシャルロット・ペリアン

図書館、図書印刷原町工場、駿府会館など、多くのプロジェクトを単独または他の建築家と共同で手がけている。

　建築家の丹下健三氏は、グランプリの主催者に招かれてフランスを訪れ、パリの主要ホテルに滞在する。お土産として、著名な現代アーティストの作品が贈られる。丹下健三氏の次回のパリ訪問では、日本大使やパリの著名人の後援のもと、日仏友好イベントが開催されることになりそうだ。」

同年6月17日に授賞式とセーヌ川上での船上パーティーが催され、ペリアンも参加している。丹下はスピーチの中で、日本の建築家がル・コルビュジエから受けた影響に言及し、「私たちは皆様の国から学び取ったものを土台に日本の現実を反映し、日本の伝統を正しく受け継ぐようなもの、日本の現代建築をつくりたい」と挨拶している。また、日本国内には近代建築に対して批判的な人びとが多く存在しているが、海外からの評価が日本で近代建築に取り組む建築家たちへのエールになっている、と結んだ。

グラン・テクラン外観

　丹下はパリ市長・ジャック・シラクからの依頼で、パリ市東南部13区の中心に当たるイタリア広場沿いに映画芸術センター、ホテル、店舗、事務所から成る複合施設を設計した。
　この施設は1992年に竣工したが、その特徴として3つ挙げられ、第1に建物は周辺建物に調和させるべく高さ40mに制限し、第2に広場の外周円上にゲート状のファサードを設け、第3に広場とアトリウムの連続性を強調するデザインとなっている。
　丹下がグラン・テクランを検討した際のスケッチを見ると、敷地前面にある円形広場と建物、そして市庁舎との関係に腐心していることが分かる。

（豊川斎赫）

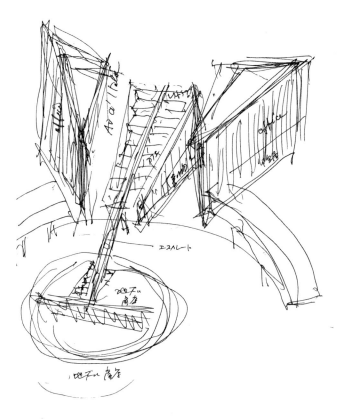
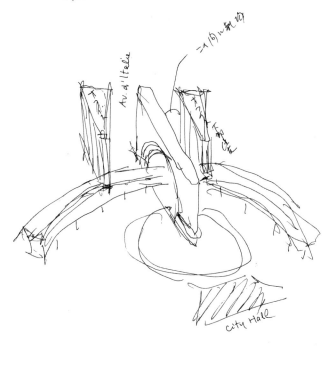
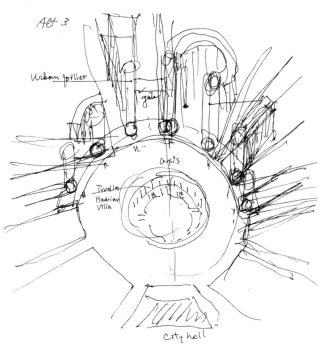
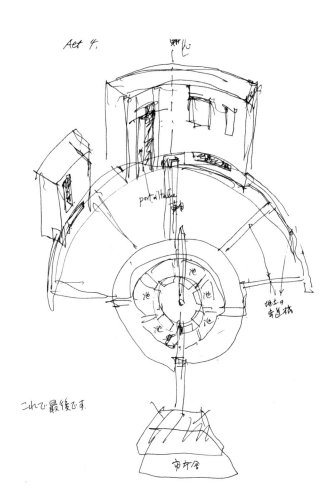

丹下健三がグラン・テクランのために描いたスケッチ

3 パリの丹下／パリの隈

アルベール・カーン美術館道路側外観

3-2
パリの隈

ロゴスとピュシスのはざまにある緊張感が、フランスの文化のダイナミズムであると、僕は感じている。ラテン的なるロゴスと、ケルト的、ガリア的なピュシスの対立と緊張が、この国を文化の国としたのである。それはパリを中心とする中央集権的官僚制と、田舎ののどかで自由なフランスとの相克であり、石やコンクリートという固い素材と、木、土、わら、といったやわらかい素材との闘いでもある。ブザンソン、マルセイユ、プロバンスと、フランスの地方のコンペに続けて勝った時に、僕の建築がフ

アルベール・カーン美術館日本庭園側外観

ランス人のある部分と響き合うということを知った。なぜだかは知らないが、彼らのある部分が、僕の建築と響き合うようなのである。それは僕の建築の中にあるピュシスだったのかもしれない。

　同じようにしてフランス人は日本の浮世絵のピュシスに惹かれて、印象派というとんでもなく自由なアートを創造したのかもしれない。

　そのフランスの地方で始まった僕の建築が、徐々にパリの中でも建ち始めた。アルベール・カーン美術館の礎をつくった19世紀末の実業家

サン・ドニ・プレイエル駅外観

　アルベール・カーンも、おそらくそんな自由を求めて極東を旅し、日本の庭師をパリに連れ帰って、ロゴスの支配するパリの中に、ピュシスの支配する日本庭園をつくらせたのだろう。その日本庭園のやわらかさを延長し、拡張するようにして、僕らはその新館をデザインした。

　サン・ドニ・プレイエルの新しい駅も、僕らはひとつの庭としてデザインした。それは駅ではなくて、立体的な庭であり、誰もが自由に歩き回り、緑と触れ合うことのできる庭という自由を、パリの中にもち込もうと

サン・ドニ・プレイエル駅コンコース吹き抜け内観

サン・モーリス大聖堂のギャラリーガレリア外観

考えた。ロゴスがなければ鉄道を張り巡らすことはできなかっただろうが、ロゴスだけでは、鉄道も都市も退屈なものになってしまうのである。

サン・ドニの地域は、パリの中でも最も移民が多く、治安も悪いことで知られている。そんなノイズの多い場所だから、ロゴスではなく、ピュシスが必要なのである。僕は浮世絵がパリにもたらされた150年後に、再び浮世絵の自由と寛容をパリにもってこようとしているのかもしれない。

（隈研吾）

サン・モーリス大聖堂のギャラリー正面外観

父、丹下健三とのパリの思い出

丹下憲孝
建築家

「世界のタンゲ」と呼ばれている父・丹下健三は、息子の私に対してもあまり口数の多い人ではありませんでした。しかしながら「72時間、集中しなさい」という言葉は私の心に印象深く刻まれております。その言葉は本人が自身に伝えていた言葉でもあり、その集中力があったからこそ、数々のプロジェクトを生み出し、「世界のタンゲ」と呼ばれる礎になったのだと思います。

父が初めて海外に行くことになったのは1951年、38歳の時です。

広島計画の報告を行うためにロンドンで開催された第8回会議、CIAM（国際近代建築会議）に招待をいただいたことがきっかけでした。人生初の海外に行くのだからと憧れていた様々な建築や彫刻に触れるため、帰途約2か月をかけて欧州各地を訪れました。ローマでは敬愛するミケランジェロのピエタ、そしてカンピトリオ広場を見学し、フランス訪問では建築家として尊敬して止まないル・コルビュジエの代表作のひとつであるマルセイユのユニテダビタシオンと南仏ヴァンスに佇むクチュリエ神父とマティスが手がけたロザリオ礼拝堂（光の礼拝堂）を訪れています。

その後、海外での仕事領域が自然な流れで広がっていった父は、1970年代に入ると東京から現地をコントロールすることが難しくなり、また私もスイスに留学していたこともあり、1976年にパリに事務所を設けました。

欧州に来る際は決まって私の寄宿先であるスイスの全寮制高校LE ROSEYにも立ち寄ってくれ、父の出張時は母も同行することが常でしたので、つかの間の家族の時間をもつことができたことは懐かしい思い出です。

1983年に父はフランス芸術アカデミー（アカデミー・デ・ボザール）の会員に選出されました。会員数は40名限定で終身制となっているため、会員は「不滅の人」と称されます。欠員が生じた場合は、全会員が候補者の資格、業績を審査、絶対多数を得た者のみが新会員と認められ、入会することはフランス国民の最高の栄誉とされる大変由緒正しきアカデミーです。

父はその外国人枠の建築部門での推薦を受け、その年に厳重審査を通過するという異例の快挙を成しました。

伝統あるアカデミー入会は入会までのプロセスや入会式の準備等は大変なものでしたが、父はこのような文化の違いや歴史的背景の伴う厳粛な場であっても、周りの方々と共に全力かつ丁寧に取り組み、楽しむ人でした。

アカデミー会員となった翌年の1984年、パリ市長であったジャック・シラク元大

統領の招きを受けパリを訪問し、シラク氏から直々にパリ市の新旧秩序を回復し、都市の活性化を目指すことを目的としたパリ市イタリア広場（パリ東南部13区の中心地）の再開発計画の構想とそこに建つ建築の設計の依頼をいただきました。

イタリア広場は直径200mに及ぶパリ市の広場としては大きな広場のひとつです。父はコミュニティー活動を活発にし、イタリア広場のポテンシャルを上げるための施設、グラン・テクラン（フランス語で巨大なスクリーンの意味）を設計し、1992年に竣工しました。広場側の壁面は、凹型局面のファザードによって円形の広場を際立たせると共に、ガラス張りの光の差し込むアトリウムを広場に向けて開放し、人びとを招き寄せているようにデザインしています。施設内には映画館、ショッピングセンター、ホテル、オフィスを収めた複合文化施設が入っています。

また、1990年にはパリ市東部のセーヌ左岸地域を対象としたオーステルリッツ駅周辺を含めたセーヌ左岸都市計画を提案しています。この地域には明確な都市計画が形成されてこなかったため、活性化の遅れが生じているという背景があったようです。父はリバーフロントという敷地を存分に生かし、セーヌ川の存在を常に意識できるような構造を提案しました。

今回のオリンピックの開会式はセーヌ川上で行われるとのことですので、大変興味深く視聴したいと思っております。

1998年に竣工したニース国立東洋美術館は、父と友人であるトレモア氏（ピエール・トレモア Pierre-Yves TRÉMOIS）との友情により誕生しました。

東洋をこよなく愛したトレモア氏の美術館ということもあり、東洋のひとつの思想の考え方であるタオイズムという、アジアティックなユニバースを表現する美術館のコンセプトが、確立されました。この建物は、ニースのフェニックスパークの美しい庭園にあり、中心にある池に浮かぶ白鳥をイメージしています。

このように振り返ると、時代の流れを力強く捉え、自分のものにする父のたくましさ、そして父の交流関係の広さと深さ、皆様を巻き込んで大きなことを成す度量を感じずにはいられません。そして異国の地において数々のプロジェクトに邁進できていたことは親交を深めてくださいました皆様の多大なご尽力にほかなりません。ここに改めて感謝の気持ちをお伝えさせていただきます。

今回のテーマでもあります東京オリンピックですが、父が手がけたのは日本が初めて開催国となり、戦後の焼け野原から目覚ましい勢いで復興している1964年、私が関わらせていただいたのは新型コロナウイルス禍の中の2020年です。

いつの時代も逆境はつきものです。

父の時は予算と工期の限られる中、吊り橋構造で知られる国立屋内総合競技場 (国立代々木競技場)をデザインしました。工事着工の遅れから、年末年始も含め昼夜関係なく24時間体勢で建設が進められました。そのような状態でも出来上がった競技場は素晴らしく、終了後にはオリンピック委員会 (IOC)から建築家に贈られるのは異例の功労賞をいただきました。

そして2020年、新たな五輪に向けて私が関わらせていただいた東京アクアティクスセンターは会場設計にあたり、「再利用 (リユース)」と「持続可能性 (サステナビリティ)」が至上命題となりました。父に対するリスペクトを表現する意味も含めてぜひ関わらせていただきたいと思っていましたので設計参加が決まった時は真っ先に父の墓参りに向かい報告しました。

また、2020年のオリンピックに向けて、時代の変化と共に父の設計した国立代々木競技場にも、手を加える必要が生じました。その改修に関わらせていただいたのも私たちとなります。最も配慮したのは「原形」を保ったまま耐震性を保つこと、そしてバリアフリー対応を強化することでした。

そして2021年8月、ふたつの東京オリンピックを経験した国立代々木競技場は国の重要文化財に指定していただきました。

この一連の流れについては、きっと父も宙の上から喜んでくれていると信じています。

2024年は、フランスで前回開催された夏季オリンピックからちょうど100年の節目になるということで、共有とサステナビリティを念頭に置いた、大会史上最も環境に優しい大会を目指していると聞いております。

時代によって、オリンピックに求められるものは変わる部分もありますが、変わってはいけないものもございます。それは「平和の祭典」であることです。フランスの教育者で近代オリンピックの創立者であるピエール・ド・クーベルタン男爵は「スポーツを通じて平和な世界の実現に寄与する」ことをオリンピックの目的に掲げました。

平和といえば、今この文章を手がけている今年、2023年はG7 (先進国首脳会議)を日本の広島で開催した年でもあります。父・丹下健三が設計した広島平和記念資料館と平和記念公園もサミット会場となりました。岸田首相より、父が込めた平和への想いが語られ、原爆ドームから慰霊碑、平和記念資料館へと伸び

上：丹下健三と丹下憲孝
下：広島平和記念資料館外観

る軸線は、日本が貫いてきた平和への理念であり、進むべき方向を示すものだとも仰ってくださいました。

　今のような厳しい安全保障環境の中で、多様な価値観が生じ、より一層平和が注目される中、父の友情と歴史の詰まったフランス・パリの地で、オリンピックが開催されることに大きな意義を感じております。

年表──ふたりの世界的建築家の足跡と世相

年齢 丹下健三	年齢 隈研吾	世界の動き
1913 0 大阪府に生まれる		**1913**
1914 1		**1914** 第一次世界大戦
1915 2		**1915**
1916 3		**1916**
1917 4		**1917** ロシア革命
1918 5		**1918** 第一次世界大戦休戦
1919 6		**1919**
1920 7		**1920** 国際連盟成立
1921 8		**1921** 中国共産党成立
1922 9		**1922** ソヴィエト社会主義共和国連邦成立
1923 10		**1923** 関東大震災
1924 11		**1924**
1925 12		**1925**
1926 13		**1926** 昭和
1927 14		**1927**
1928 15		**1928**
1929 16		**1929** 世界恐慌始まる
1930 17		**1930**
1931 18		**1931** 満洲事変起こる
1932 19		**1932**
1933 20		**1933**
1934 21		**1934**
1935 22 東京帝国大学 (現・東京大学) 工学部建築学科 (1935-1938年)		**1935**
1936 23		**1936**
1937 24		**1937** 盧溝橋事件。日中戦争始まる
1938 25 前川國男建築事務所入所 (1941.12.31まで)		**1938**
1939 26		**1939** 第二次世界大戦
1940 27		**1940**
1941 28		**1941** 太平洋戦争
1942 29 東京大学大学院 (1942-1945年)		**1942**
1943 30		**1943**
1944 31		**1944**
1945 32		**1945** ヨーロッパ戦線、日中戦争
		広島・長崎に原爆投下。ソ連、対日宣戦
		太平洋戦争終結、連合国軍の占領下に置かれる
		国際連合発足
1946 33 東京帝国大学助教授 第1工学部勤務		**1946** 日本国憲法公布
「丹下研究室」が誕生		
1947 34		**1947**
1948 35		**1948**
1949 36		**1949** NATO (北大西洋条約機構) 発足
1950 37		**1950**
1951 38 ロンドンで開催された第8回CIAMに参加		**1951** サンフランシスコ平和条約・日米安全保障条約調印
マルセイユのル・コルビュジエによるユニテ・ダビタシオンを訪問		パリ条約 (欧州石炭鉄鋼共同体)
1952 39		**1952**
1953 40 成城の自邸、東京		**1953**
1954 41 広島平和記念公園、広島	0 神奈川県横浜市に生まれる	**1954** 第一次インドシナ戦争が終結
1955 42	1	**1955**
1956 43	2	**1956** 日ソ共同宣言
		第二次中東戦争
		国連へ加入
1957 44 東京都庁舎 (旧都庁舎)、東京	3	**1957** ローマ条約
1958 45 香川県庁舎、香川	4	**1958**
今治市庁舎、愛媛		
旧草月会館、東京		

	年齢 丹下健三		年齢 隈研吾		世界の動き
1959	46	『L'ARCHITECTURE D'AUJOURD'HUI』誌 (フランス) 第1回国際建築美術賞 (東京都庁舎、草月会館)	5		1959	
		東京大学より工学博士の学位を受ける (論文「大都市の地域構造と建築形態」)				
1960	47	倉敷市庁舎、岡山	6		1960	日米安全保障条約調印
		東京計画1960				
		建築業協会 (BCS) 賞 (香川県庁舎)				
		『桂―日本建築における伝統と創造』石元泰博と共著 発行:中央公論社、制作:造型社				
		『桂―日本建築における伝統と創造』(英語版) イェール大学出版局				
1961	48	丹下健三十都市・建築設計研究所として設計の協同体制をつくる	7		1961	
		『東京計画1960―その構造改革の提案』新建築社				
		『東京計画1960―その構造改革の提案』(英語版) 新建築社				
1962	49	『伊勢 日本建築の原型』川添登と共著 (撮影:渡辺義雄) 朝日新聞社	8		1962	
1963	50		9		1963	
1964	51	代々木体育館、東京	10		1964	東京オリンピック
		東京カテドラル聖マリア大聖堂、東京				
1965	52	『伊勢―日本建築の原形』(英語版) MIT大学出版局	11		1965	
1966	53	山梨文化会館、山梨	12		1966	
		スコピエ都心部再建計画、旧ユーゴスラビア				
		『現実と創造:1946〜1958』川添登と共著 (撮影:石元泰博ほか) 美術出版社				
1967	54	ボローニャ市北部開発計画、イタリア	13		1967	
		フランス文化選奨ゴールドメダル				
1968	55	『技術と人間:丹下健三+都市・建築設計研究所 1955-1964』川添登と共著 (撮影:石元泰博ほか) 美術出版社	14		1968	五月革命
1969	56		15		1969	
1970	57	日本万国博覧会、大阪	16		1970	日本万国博覧会、大阪で開催
		『丹下健三 1946〜1969 建築と都市』(英・独・仏語版) アルテミス出版社 (スイス)				
1971	58	オラン綜合大学・病院および寮、アルジェリア	17		1971	
		『21世紀の日本』(丹下健三グループ著) 新建築社				
1972	59		18		1972	沖縄復帰
1973	60	バルティモア都市再開発計画、アメリカ	19		1973	第一次石油危機
1974	61	丹下健三・都市・建築設計研究所設立、代表取締役	20		1974	
		ミネアポリス・アート・コンプレックス、アメリカ				
1975	62	コンスタンチン大学女子学生寮、アルジェリア	21		1975	
1976	63	アルジェリア国際空港、アルジェリア	22		1976	
		パリ事務所設立				
1977	64	カタール・ガバメント・センター・マスタープラン、カタール	23		1977	
		サウジアラビア王国皇太子宮殿 (のちサウジアラビア王国国王宮殿)、サウジアラビア				
		フランス国家功労勲章コマンドール				
1978	65	『丹下健三』(独・仏語版) アルテミス出版社 (スイス)	24		1978	日中平和友好条約
1979	66	ナイジェリア新首都都心計画、ナイジェリア	25	東京大学工学部建築学科修士課程修了	1979	
		クウェート国際空港、クウェート				
1980	67	ナポリ市新都心計画、イタリア	26		1980	
1981	68		27		1981	
1982	69	サウジアラビア王国国王宮殿 (のちのサウジアラビア王国国家宮殿)、サウジアラビア	28		1982	
1983	70	マリーナ・サウス都市設計、シンガポール	29		1983	
		フランス芸術アカデミー海外終身会員				
1984	71	ボローニャ・フィエラ地区センター、イタリア	30		1984	
1985	72	KENZO TANGE ASSOCIATES Urbanists-Architects	31	コロンビア大学建築・都市計画学科客員研究員 Asian Cultural Council給費研究員	1985	
		『一本の鉛筆から』(自叙伝) 日本経済新聞社				
1986	73	ナンヤン工科大学、シンガポール	32	『10宅論―10種類の日本人が住む10種類の住宅』トーソー出版	1986	
		ワン・ラッフルズ・プレイス・タワー1 (旧OUBセンター)、シンガポール				
1987	74	プリツカー建築賞 (アメリカ)	33	空間研究所設立	1987	
1988	75		34		1988	
1989	76		35	『グッドバイ・ポストモダン―11人のアメリカ建築家』鹿島出版会	1989	平成
						アジア太平洋経済協力 (APEC) 発足
						ベルリンの壁崩壊
1990	77		36	隈研吾建築都市設計事務所設立	1990	バブル崩壊

	年齢 丹下健三		年齢 隈研吾		世界の動き
1991	78 東京都庁舎、東京		37		1991
1992	79 グラン・テクラン（パリ・イタリア広場）、フランス		38		1992 マーストリヒト条約：欧州連合を創設
1993	80		39		1993
1994	81		40 亀老山展望台、愛媛		1994
			『新・建築入門』筑摩書房		
			『建築的欲望の終焉』新曜社		
1995	82		41 『建築の危機を超えて』TOTO出版		1995 世界貿易機関（WTO）発足
			水／ガラス、静岡		阪神・淡路大震災
					地下鉄サリン事件
1996	83 フジテレビ本社ビル、東京		42		1996
1997	84		43 AIA（アメリカ建築家協会）ベネディクタス賞（水／ガラス、アメリカ）		1997 香港返還
			日本建築学会賞（森舞台/登米町伝統芸能伝承館）		
1998	85 ニース国立東洋美術館、フランス		44		1998 長野冬季オリンピック
1999	86		45		1999 通貨統合。ユーロ導入開始
					マカオ返還
2000	87		46 那珂川町馬頭広重美術館、栃木		2000
			『反オブジェクト』（英語訳あり）筑摩書房		
			石の美術館、栃木		
2001	88		47 村野藤吾賞（那珂川町馬頭広重美術館）		2001 9.11テロ
			インターナショナル・ストーン・アーキテクチャー・アワード（石の美術館、イタリア）		
2002	89		48 スピリット・オブ・ネイチャー 国際木の建築賞（フィンランド）		2002
			竹屋 Great (Bamboo) Wall、中国		
2003	90		49 『隈研吾／マテリアル・ストラクチュアのディテール』彰国社		2003
2004	91		50 *Kengo Kuma: Materials, Structures, Details*, Birkhäuser		2004
			『負ける建築』（英語訳あり）岩波書店		
2005	92 没		51 『GA Architect 19 隈研吾』エーディーエー・エディタ・トーキョー		2005
			Kengo Kuma: Selected Works, Princeton Architectural Press		
2006			52 ちょっ蔵広場、栃木		2006
2007			53 『隈研吾：レクチャー／ダイアローグ』INAX出版		2007
2008			54 エネルギー・パフォーマンス － アーキテクチャー・アワード（フランス）		2008 リーマン・ショック
			『自然な建築』（英・仏語訳あり）岩波新書		
			隈研吾建築都市設計事務所 パリ事務所設立		
2009			55 芸術文化勲章オフィシエ（フランス）		2009
			『KENGO KUMA RECENT PROJECT 隈研吾 最新プロジェクト』エーディーエー・エディタ・トーキョー		
			『Studies in Organic スタディーズ・イン・オーガニック』TOTO出版		
			『素材の系譜』グラフィック社		
			Material Immaterial: The New Work of Kengo Kuma, Princeton Architectural Press		
			根津美術館、東京		
2010			56 毎日芸術賞（根津美術館）		2010
			『三低主義』（三浦展との共著）NTT出版		
			『境界』淡交社		
			『NA建築家シリーズ02 隈研吾』日経BP		
			梼原 木橋ミュージアム、高知		
2011			57 芸術選奨文部科学大臣賞（美術部門）（梼原 木橋ミュージアム）		2011 東日本大震災
2012			58 『場所原論』市ヶ谷出版社		2012
			アオーレ長岡、新潟		
			浅草文化観光センター、東京		
			『日本人はどう住まうべきか?』（養老孟司との共著）日経 BP社		
			『対談集 つなぐ建築』岩波書店		
			『隈研吾／極小・小・中・大のディテール』彰国社		
			『GA 隈研吾作品集 2006-2012』エーディーエー・エディタ・トーキョー		
2013			59 『小さな建築』岩波新書		2013
			『建築家、走る』新潮社		
			ブザンソン芸術文化センター、フランス		
			『GA "住宅らしさ"』エーディーエー・エディタ・トーキョー		
			マルセイユ現代美術センター、フランス		
			ダリウス・ミヨー音楽院、フランス		
			サニーヒルズジャパン、東京		

年齢 丹下健三		年齢 隈研吾	世界の動き
2014		60	*AV Monographs 167-168: Kengo Kuma Atmospheric Works 2000-2014*, Arquitectura Viva	2014
			『僕の場所』大和書房	
			アントルポ・マクドナルド、フランス	
2015	『TANGE BY TANGE 1948-1959 丹下健三が見た丹下健三』豊川斎赫（撮影：丹下健三）TOTO出版	61	Hikari、フランス	2015
			『隈研吾 オノマトペ建築』エクスナレッジ	
			Monograph.It 6: Kengo Kuma, List Lab	
2016		62	モンブラン・ベースキャンプ、フランス	2016
			フランス木の建築賞1等（モンブラン・ベースキャンプ）	
			『なぜぼくが新国立競技場をつくるのか』日経BP社	
			「持続可能な建築」世界賞（フランス）	
			第15回公共建築賞行政部門（シティホールプラザ アオーレ長岡）	
			アイコニック・アワード2016（中国美術学院民芸博物館、ドイツ）	
			Under One Roof Project for the EPFL ArtLab、スイス	
2017		63	ポートランド日本庭園　カルチュラル・ヴィレッジ、アメリカ	2017
			Komorebi / シャトー・ラ・コスト、フランス	
			Archives Antoni Clavé、フランス	
2018		64	『JA 109, Spring 2018 - Kengo Kuma: a LAB for materials』新建築社	2018
			2018年日本建築学会賞 教育賞	
			『場所原論 II』市ヶ谷出版社	
			V&A Dundee、イギリス	
			Kengo Kuma: Complete Works（増補改訂版、ケネス・フランプトンとの共著）Thames & Hudson	
2019		65	紫綬褒章	2019 コロナウイルス
			イタリア王家サヴォイア家勲功騎士団 キャバリエーレ・ディ・グラン・クローチェ（大十字騎士）	令和
			The Exchange、オーストラリア	
			明治神宮ミュージアム、東京	
			John D. Rockefeller 3rd Award	
			国立競技場、東京	
			AV Monographs 218-219: Kengo Kuma 2014-2019, Arquitectura Viva	
2020		66	『点・線・面』岩波書店	2020
			『ひとの住処—1964-2020—』新潮社	
			『隈研吾による隈研吾』大和書房	
			高輪ゲートウェイ駅、東京	
			『東京 TOKYO』KADOKAWA	
			『GA 隈研吾作品集 2013-2020』エーディーエー・エディタ・トーキョー	
			ところざわサクラタウン 角川武蔵野ミュージアム、埼玉	
2021	国立代々木競技場が重要文化財に指定される	67	*Kengo Kuma : une vie d'architecte à Tokyo*（英語・フランス語での出版）Editions Parenthèses	2021 東京オリンピック
			Topography, Images Publishing	
			Kengo Kuma: My Life as an Architect in Tokyo（英語・フランス語での出版）Thames & Hudson	
			『建築家になりたい君へ』河出書房新社	
			『くまの根—隈研吾・東大最終講義 10の対話』東京大学出版会	
			『隈研吾 はじまりの物語 ゆすはらが教えてくれたこと』（写真：瀧本幹也）青幻舎	
			『KUMA Kengo WOOD – Materiality of Architecture』カルチュア・コンビニエンス・クラブ株式会社	
			Kuma. Complete Works 1988–Today, TASCHEN	
			タイム100：最も影響力のある100人（TIME誌）	
2022		68	ハンス・クリスチャン・アンデルセン美術館、デンマーク	2022
			アルベール・カーン美術館、フランス	
			『全仕事』大和書房	
			南三陸311メモリアル、宮城	
			Forest Edge、フランス	
2023		69	*TC 158- Kengo Kuma. Rural & neo-rural*, TC Cuadernos	2023
			Kengo Kuma, Editorial Arquitectura Viva	
			『日本の建築』岩波書店	
			Kengo Kuma – Mirror in the Mirror (Photographer: Erieta Attali) Hartmann Books	
2024		70	Saint-Denis Pleyel Emblematic Train Station、フランス	2024 パリオリンピック

英訳録／English translation

On the Opening on the Exhibition in France
Kengo Kuma
——— p. 003

The first thing that I thought about was I wanted to show the contrast between the two ages (1964 and 2021). I wanted to make the French people understand the contrast between the high energy age of high growth and the subdued age of low growth and an aging population in Japan by, for example, using the materials of concrete and wood.

However, when I slowly walked around the exhibition venue in Paris, I was surprised by the fact that these two architects unexpectedly projected a similar atmosphere, which was the opposite of what I had imagined. What seemed to be in stark contrast in the small framework of Japan appeared to express one spirit from the distance present in Europe. I felt that even when the different materials of concrete and wood were used, the attentive touch of how materials are used was something that is common to Japanese people.

The other conceivable reason is that when I look back, while 1964 and 2020 appeared to be in contrast when the exhibition was being planned in 2023, upon review from a new distance in May 2024, the two ages have a similar feeling of being peaceful and tranquil. The global situation has changed that suddenly, and environmental issues have that level of critical aspects.

I think that a new framework which differs from the framework of Japan vs. the West or the framework of high growth vs. low growth and the ability to act are needed in order to effectively respond to this new critical situation. Once this occurred to me, I could not stand still, and dashed out of the venue in Paris into the streets of Paris which are in a pre-Olympic traffic gridlock resulting in vehicles hardly moving at all, and began to run on my own.

The Age of Tange and Age of Kuma
Kengo Kuma
——— p. 006

When I saw the Yoyogi National Stadium designed by Kenzo Tange, I was shocked by the amazing beauty. I decided to become an architect on that day.

I still clearly remember that day. The Olympics were held in Tokyo in the fall of 1964. My father took me to the swimming event venue at Yoyogi National Stadium. A structure with a mysterious shape appeared in front of me at the top of the slope from Shibuya Station. Two concrete towers soared towards the heaven, and a roof with a beautiful curved surface was suspended from them. Yoyogi National Stadium felt like it was a flash of light protruding from the hustle and bustle of Shibuya in 1964 when there were almost no tall buildings.

Once I stepped inside the stadium that seems to pull you in like a huge spiral shell, a shower of light from the heavens poured down, accompanied intense sounds. Rather than appearing to come down from the ceiling, it truly felt like the light was pouring down from the kingdom of god in heaven, pouring down onto the surface of the water in the pool while being repeatedly reflected by the ceiling, and the water surface was full of the energy of that light, shining brightly.

I had never seen space like this, nor experienced this type of light. When I asked my father in a low voice "Who made this?", he answered, "It was designed by an architect called Kenzo Tange". I made up my mind that I would become like that "architect" on that day.

Up until that day, I had wanted to become a veterinarian. I really liked talking and playing with cats and dogs, and thought that I could be with them all of the time if I became a veterinarian. However, from that day on, the only thing that I thought about everyday was becoming an architect. I took the train from Yokohama every Saturday to Yoyogi to go swimming.

Half a century from then, that young boy was involved in the design of the Olympic Stadium as a result of a number of various coincidences. The thought that repeatedly crossed my mind while making sketches was how the 2nd Olympics in 2020 differed from the 1st Olympics in 1964.

When you get right down to it, the question is what type of age are we living in, and what type of building is needed for this age.

In 1964, Japan was in the midst of a period of ever-increasing high economic growth. Japan was exhaustively crushed by America when is lost the war in 1945. Tokyo before the war was a flat city full of one-story and two-story wooden buildings. Reincarnating the city as a metropolis full of high-rise buildings was a national goal, as well as the goal of architects. Kenzo Tange was a genius at sensing the atmosphere, and a genius at translating that atmosphere into architecture.

Kenzo Tange selected the two tools of concrete and verticality in order to achieve those goals. Building a high-rise city using wood was physically impossible, so there was no other choice but to use concrete. Traditional Japanese architectural designs which were based on horizontality were not suited to building a high-rise city. Tange, and the metabolism movement which was led by his disciples, attempted to control architecture as a whole with strong verticality that tended to be excessive. The two columns that caught my eyes first at the Yoyogi National Stadium were symbols of Tange's two weapons.

The thing that is needed for a gymnasium is a large volume of low-rise space, with verticality not required in the first place. However, Tange took on the challenge of using a new technology consisting of a suspension structure which is used for bridges but almost never for buildings, and succeeded in the acrobatic endeavor of building a vertical gymnasium, creating a symbol of the "new Tokyo".

The other thing about Tange that surprises me is that he was not satisfied by only building large high structures. After Tange, large high buildings were duplicated with no end by the large architect offices and construction companies in Japan, led by the high economic growth. The national goal of making "Japan a country which is full of high-rise buildings" was achieved at an astonishing speed. However, Tange's architecture did not fade in the midst of the overbearing and boring high-rise buildings.

The reason for this is that Tange did not forget the place of Japan. Tange did not forget that he was Japanese. He did not lose the feeling that he was building his architecture on the continuum of architecture that had been continually built in this climate and in the midst of the natural features. Therefore, he placed diagonal members on the ends of the roof of the Yoyogi Stadium like the ornamental crossbeams on the Ise Grand Shrine, and repeated a metal batten seam like the large curves in the tile on Toshodai-ji Temple.

Just what kind of architecture did Japan need in the year 2020? First, high structures and large structures are not needed at all today. Japan is one of the countries where the declining birthrate and growing proportion of elderly people has proceeded faster than anywhere else in the world, and this country which is on the verge of financial collapse does not need to build high structures or large structures any more. Conversely, what is needed is soft small structures that gently protect people who are not young or energetic, but rather are exhausted from stress and an epidemic. The forest in the outer gardens of Meiji Shrine which is the site of the stadium was planted in order to protect the Meiji Shrine, and we excavated the ground in order to make the stadium that stands in the center of that forest as low as possible.

This modest volume is quadrisected horizontally by using overlapping eaves. Preventing the entrance of rain with eaves and introducing natural wind are basic environmental design features of traditional Japanese architecture. Contrary to Tange who emphasized the verticality, stressed the appeal of the height, and created an image that soared from the earth, I strived to use horizontality as a weapon to achieve a connection between the structure and the earth, in a stadium that has good ventilation which is connected to and blends into the forest.

The main materials used for this modest horizontal volume were wood. While in 1964 Tange emphasized the strength of the materials of concrete and steel that supported the high growth of Japan, we who are living in the year 2020 selected the material of wood which the Japanese people have had an affinity with from long ago. The outer walls and eaves are covered with wood, and while the main structure is made using steel, the structure that supports the large roof is a mixed structure of steel and wood. It has been pointed out that global warming is accelerating, and poured-in-place concrete which played a leading role during the period of high economic growth in Japan was avoided as much as possible, and replaced with precast concrete which has a much smaller carbon footprint, with precast concrete even being used for the foundation.

Wood and precast concrete are both "small members". In contrast to poured-in-place concrete which is a slimy "large material" that is a large single mass, both wood and precast concrete consist of individual segmented "small materials". A "large material" is a macho substance that overpowers people, and a material that cannot be dismantled ever again or modified once its has hardened. Something that cannot be undone expresses strength, immortality and permanence.

However, in actuality, cracks appear in poured-in-place concrete after a number of years, and the water that enters from the cracks corrodes the rebar. While it appears strong, concrete is the weakest most fragile material.

On the other hand, wood and precast concrete which consist of individual particles can be added to or subtracted from at any time, making them materials which can be modified. When a portion of the structure is damaged, only that portion can be replaced, and the structure can be freely added to or subtracted from according to changes in how it is used. This is why the wooden structure of Horyu-ji Temple has continued to lived on by adding and subtracting members over the very long period of 1,300 years. While Tange strived to create "large" and "immortal" architecture, we thought that we wanted to propose "small" architecture that can be "redone".

Architecture that is "small" and can be "redone" consists of architecture in whch people can participate. While only architects and "large organizations" such as super general contractors can

英訳録／English translation

participate in "large architecture", anyone can participate in small architecture that can be "redone". Japanese wooden architecture is democratic architecture in which anyone can participate in that manner. "Large organizations" called architectural firms did not exist in Japan, and craftsmen competed to hone their skills while respecting each other, and continuing to build loose collections of "small" items while coordinating with each other.

Just by using wood, it does not mean that "small" architecture is automatically made. Skillfully combining thin wood members with a diameter of 150mm or less called small-diameter wood in Japan consists of a methodology that has deepened while strengthening the country against the natural disasters of earthquakes and tsunami which repeatedly strike. For the 2020 stadium, we explored the potential of the exact opposite of poured-in-place concrete that has resulted from the pursuit of that type of small-diameter wooden structure.

A stadium that can accommodate 80,000 people has to be a large structure when looked at as a whole. However, traditional Japanese architecture has taught us how to build even a very large structure by designing it as a loose collection of small particles. Overlapping four eaves broke up the large volume, and column size wood members with a small dimension of 105mm that people are familiar with in small houses were used for the rafters under the eaves. These thin rafters were lined up while changing the pitch according to the respective direction, adjusting the flow rate of air for each direction. The combining of "small" members enabled flexible organic functions to be incorporated into a large structure.

The expression of the wood used for the rafters and roof was changed in various manners by changing the pitch, and the tone and texture of the wood were changed depending upon the source of the wood.

Initially, we thought that we would create a uniform expression with the wood by selecting one growing district. However, we realized that while Japan is a small country, there is a long distance from the south to the north, and the climate differs completely on the Sea of Japan side and the Pacific Ocean side, resulting in cedar trees that have different colors and tones. We ended up deciding to present an antithesis to the serious approach of industrialized society in Japan which focused on uniformity and accuracy, expressing the diversity of this country in an honest manner.

The last thing that we thought of in the pursuit of diversity consisted of adopting a scattered color scheme for the spectator seats. I have seen many stadiums, and almost all of them have blue, red or white seats, and when a seat is unoccupied, it feels lonely like a tooth is missing. If a scattered color scheme is adopted from the beginning, empty seats would not look lonely.

Even if the seats are uniform, people are diverse to begin with, and there is no way to make them uniform since they use the seats in the manner they wish. Therefore, by recognizing this from the beginning and installing seats that are full of fluctuation and noise, no matter how the seats are used, it is an issue of no concern.

As it happened, an unexpected event called the coronavirus pandemic actually occurred. This resulted in the unprecedented decision to hold the Olympics without allowing any spectators to occupy the seats.

The spectator seats with the scattered color scheme ended up exhibiting a magical power that I had not expected at all. In spite of the fact that there were no spectators in the stands, they gave the feeling of joy and liveliness like they were actually occupied.

The athletes expressed their appreciation, saying that they received a certain level of power from the stands like they were being cheered on by spectators.

These simple words encouraged me a lot. The age that has come after high growth and an increasing population that followed industrialization can be said to be a lonely and sorry age in which the stands only have a scattering of spectators. However, I think that it should be possible to have architecture that encourages, comforts and energizes people in that type of age. This consists of architecture that is a loose collection of small individual items. It may be full of noise and gaps, but this noise and the gaps allow architecture to become something that can make everyone happy. I have just started creating this type of architecture, and would like to create a lot more in the future.

Content and Three Themes
《Kenzo Tange – Kengo Kuma》
Saikaku Toyokawa

——p. 010

Yoyogi National Stadium (hereinafter referred to as "Yoyogi Stadium") was built for the 18th Olympic Games held in Tokyo in 1964. The facility designed by Kenzo Tange (1913-2005) consists of two gymnasiums. The Yoyogi First Gymnasium hosts swimming events, with a seating capacity of approximately 13,000 spectators, while the Yoyogi Second Gymnasium hosts basketball events, with a seating capacity of approximately 3,000 spectators. The stadium was later used as a handball venue for the 32nd Olympic Games in Tokyo in 2021.

For the 32nd Olympic Games, the National Stadium, with a seating capacity of approximately 80,000 spectators, was built as the venue for the track and field events. The stadium, designed by Kengo Kuma (1954-), features wooden eaves wrapping around its perimeter and is nestled in the Jingu Gaien forest, which surrounds

Meiji Shrine.

In parallel with the 32nd Olympic Games, the National Archives of Modern Architecture, Agency for Cultural Affairs in Yushima, Tokyo, held the exhibition "KENZO TANGE 1938-1970: From Pre-war period to Olympic Games and World Expo" and the National Museum of Modern Art Tokyo in Takebashi, Tokyo held the exhibition "KUMA KENGO: Five Purr-fect Points for a New Public Space." However, both exhibitions had remarkably few visitors from abroad due to the COVID-19 pandemic. Therefore, to coincide with the 33rd Olympic Games in Paris, an exhibition was planned to introduce the Yoyogi Stadium and the National Stadium, legacies of the Tokyo Olympics, to experts around the world and to promote the registration of the Yoyogi Gymnasium as a World Heritage site.

In planning this exhibition, it was necessary to address the following three issues:

1. Compare the Yoyogi Stadium and the National Stadium and convey the attractive qualities of both stadiums to national and international experts.
2. Clarify the similarities and differences between the two architects.
3. Concisely present the influences the two architects received from Paris and their activities there.

The following three texts are the exhibition curators' suggestions for each of these issues, which correspond to the exhibition sequence at the Maison de la Culture du Japon in Paris.

1: The relevance of comparing the two stadiums
A common aspect of the two stadiums is that they were both Olympic facilities built in Tokyo. However, their historical backgrounds are strikingly different from the viewpoint of the international context, economic conditions, and architectural design.

First, from the viewpoint of world affairs, Japan, the defeated nation in World War II, successfully demonstrated its phenomenal postwar recovery to the world by hosting the 1964 Olympics as a nation of peace and international cooperation. Yoyogi Stadium symbolized the energy and passion that Japan possessed at that time. Subsequently, the global order underwent significant changes due to the wars in the Middle East, the end of the Cold War, EU integration, the U.S.-China conflict, and the COVID-19 epidemic. As a result, the 2021 Tokyo Olympics was held without spectators.

From the viewpoint of economic situations, Yoyogi Stadium was built during Japan's period of rapid economic growth. Then, in 1972, the Club of Rome advocated limits to growth, and Japan entered a long recession period at the end of the 20th century. The second Tokyo Olympics was deemed the catalyst needed to overcome the recession, and the National Stadium was constructed as its symbol. On the other hand, the significance of holding the Olympics itself has been questioned in recent years due to the enormous scale of the Olympic stadiums and behind-the-scenes activities of advertising firms seeking Olympic concessions.

From the viewpoint of architectural design, there were high expectations for modern architecture and concrete construction in Japan until the early 1960s. Notably, the Yoyogi Stadium was built when the Brutalist architectural expression using exposed reinforced concrete construction was prevalent worldwide. At the same time, there were growing expectations for shell and suspension structures since the 1950s, leading to construction of many types of large-roofed structures worldwide. Yoyogi Stadium gained worldwide acclaim as one of the most technically advanced suspension structures. Later, following intense criticism of modern architecture and the rise of postmodernism, the National Stadium was built in response to growing expectations for global environmental considerations and the use of wooden materials.

Irreversible changes have occurred between 1964 and 2021 based on all of the three viewpoints mentioned here. Therefore, it is evidently difficult to simply compare and evaluate the two stadiums without conscious thought.

Meanwhile, Yoyogi Stadium continues to stand in the global city of Tokyo with an overwhelming presence as a remarkable modern building of universal value despite changing trends in architectural design. It is essential to understand the background of the Yoyogi Stadium, which has maintained itself as a public facility cherished by many citizens without changing its appearance when many modern buildings constructed in the 20th century have been demolished. At the same time, the Yoyogi Stadium has become one of the most highly utilized event venues in Tokyo today, thanks to appropriate facility maintenance while preserving the architect's intentions. To ensure that the National Stadium will be cherished by the public and used for many years to come, like the Yoyogi Stadium, a successful presentation of the facility's attractive features is essential.

While acknowledging the difficulty of comparing and contrasting the two stadiums, the author raised the following questions: How can we use keywords to compare and contrast the two stadiums, and how can we identify the contemporary qualities of the Yoyogi Stadium and discover the hidden attractive attributes of the National Stadium through this comparison? Black and white photographs by two photographers gave a sense of reality to these keywords. For this purpose, photographs of the Yoyogi Stadium taken by Yasuhiro Ishimoto will be used. Ishimoto is one of Japan's most prominent photographers of the postwar era. His photo book "Kat-

英訳録／English translation

sura: Tradition and Creation in Japanese Architecture" (Yale University Press, 1960) promoted the magnificence of Japanese architecture worldwide. Ishimoto's black-and-white photographs of the Yoyogi Stadium radiate an overwhelming sense of presence and sublimity and have an incredible appeal and contemporary qualities that belie the fact that he took them more than half a century ago. The photography of the National Stadium, on the other hand, was entrusted to photographer Mikiya Takimoto. Takimoto is one of the most prominent photographers in Japan today and has earned high acclaim both in Japan and abroad for his cinematography and commercial films.

2: Identifying the similarities and differences between the two architects

To address the second issue, we decided to focus on residential buildings, which are the polar opposite of stadiums, with the aim of identifying both similarities and differences between the two architects for this exhibition. Both stadiums are enormous public buildings, requiring a high level of integration of design, structure, and mechanical, electrical and plumbing equipment to accommodate athletes, guest-of-honors, and several tens of thousands of spectators during the Olympics. In contrast, residential buildings are more likely to reflect the client's unique personality and the designer's sensibilities than stadiums.

Since Tange designed and built his private residence in 1953, one could assume he took free reign in the design despite the limited budget and his family's requests. A comparison of Ishimoto's photographs of Katsura Rikyu and Tange's private residence in this catalog reveals striking similarities between the two buildings. Ishimoto photographed Tange's private residence using the same approach he used for Katsura Rikyu and extracted the aesthetics of horizontality and verticality underlying Tange's private residence.

When Tange visited Katsura Rikyu in 1955, he harshly criticized the building, saying, "I felt that the beautiful proportions of the slender wood splits, white shoji screens, and deep eaves were out of harmony with the excessively heavy, steeply pitched roof, which made the entire building look dead. However, when Tange returned home and recalled Katsura Rikyu, he confessed in his mind, "I feel somehow the tense space and the proportion are still alive, like living things" (Kenzo Tange, "Guropiusu ga nokoshita yoin" in Guropiusu to nihon bunka [The Lasting Impact of Gropius left us" in Dr. Gropius' View of Japanese Culture] (Shokokusha, 1956, p.380.) It is clear that Katsura Rikyu was reduced to geometry and proportion in Tange's mind and became a part of his creative motivation.

On the other hand, Ishimoto's photographs of Katsura Rikyu focus not only on geometry but also on extracting diverse materiality. For example, his photographs of Katsuragaki (hedge made by

bending bamboo growing out of the soil and weaving it into a bamboo fence made of split bamboo tied with hemp palm rope,) Tsukimidai (moon-viewing platform lined with bamboo, projecting out from the veranda onto the pond,) and garden stones convey his extraordinary interest in the materials. Therefore, the author hypothesized that one could explain the attractive attributes of Kengo Kuma's work by drawing on Ishimoto's focus and viewing angle on materials.

Great (Bamboo) Wall, designed by Kuma, is not exactly a residence but a hotel-owned villa that uses bamboo and glass extensively. Kuma has a keen interest in materials such as wood and stone, as well as bamboo, and has achieved a diverse range of expressions in his various works. However, to the author's best knowledge, the Great (Bamboo) Wall is the one building that succinctly encapsulates Kuma's design philosophy. Juxtaposing Ishimoto's black-and-white photographs of Katsura Rikyu with those of Takeya will help highlight Kuma's interest in materials.

3: Introduction of the influences

Paris had on the two architects and their activities in Paris Looking back at the influences Paris had on Tange and Kuma and their activities in Paris entails retracing the process from the dawn of post-war Japanese architecture to the present day.

Tange devoured books on Le Corbusier's work since his student days and finally met Le Corbusier in 1951 when he attended the 8th CIAM, held outside London. Later, when he stayed in Paris for the first time, he visited Le Corbusier's atelier and toured the construction site of the Unite d'Habitation in Marseille. Tange also sympathized with the collaborative work of Le Corbusier and Charlotte Perriand and took a keen interest in integrating architecture and interior design. Reflecting their collaborative process, he installed a table designed by Perriand in the governor's office at the Tokyo Metropolitan Government Building he designed and completed in 1957. Later, Tange established his base in Paris and worked on projects in the Middle East and Africa, including Algeria, and designed the Grand Ecran at Place d'Italie in Paris.

Kuma, on the other hand, has had the opportunity to design in Paris since the 2000s, where he completed the Albert Kahn Museum and the Saint-Denis-Pleyel Emblematic Train Station. For the former, given that Albert Kahn dreamed of recreating gardens on the five continents of the world, Kuma designed the exhibition space as an extension of the garden path, keeping in line with Kahn's ideas. With the latter being the closest station to one of the 2024 Paris Olympics venues, Kuma is contributing to the Great Renovation of Paris in the 21st century.

1 Yoyogi Stadium and National Stadium

1-1. Landscapes

———— p. 022

Kenzo Tange was a genius in the form of architecture, and is considered to be an architect who represents the age of form, but he also thoroughly demonstrated his brilliance with landscapes. However, the way in which this was exhibited was unique to the age in which Tange lived.

Tange utilized landscapes to the maximum extent as a tool to highlight and project architecture. However, the architecture always played the leading role and was the central theme. This was superbly manifested by the Yoyogi National Stadium.

In addition to the fact that the Yoyogi Stadium was built on a flat green site, greenery gradually rises up from the site, and further accentuates Tange's monumental architecture. The raised greenery is smoothly reincarnated in the architecture.

I cannot recall any examples of modernist architecture in which greenery was used in this manner. Le Corbusier attempted to float architecture with pilotis on top of greenery, and Frank Lloyd Wright and Ludwig Mies van der Rohe built architecture beside greenery or near greenery. The usage of greenery at the Yoyogi Stadium is unique and unprecedented.

However, in the end, it was the architecture that was highlighted and played the leading role, and I have wanted to reverse that trend for a long time.

Four layers of greenery are planted on top of the four levels of eaves at the 2020 Olympic Stadium. The greenery and eaves are equal, and I am secretly hoping that when the greenery grows with time, the image of the eaves will fade and disappear so that the greenery plays the leading role.

Greenery is planted on the sides of the structure, and a small stream flows through it in a weaving pattern. In addition to this function of this landscape to highlight the structure like the greenery used by Tange, it also suggests the possibility that the Shibuya River which flowed through this area long ago may one day erode and swallow the structure, which is the complete opposite of highlighting the structure.

In the 20th century, the Shibuya River was filled in, and concrete structures were built. Conversely, in the 21st century, the Shibuya River may be brought back to life, with the buildings gradually being dismantled and disappearing. I thought that it would be interesting if I could express a dream-world turnaround like this

with the landscape. (Kengo Kuma)

A few more details about the landscape

Until the mid-19th century, Yoyogi was on the outskirts of Edo, where many samurai residences were located to defend Edo Castle, surrounded by farmland. Edo was renamed Tokyo in 1868, and military training camps were built in Aoyama in 1886 and Yoyogi in 1909. Later, Meiji Shrine was built to enshrine Emperor Meiji and Empress Dowager, with the Naien (inner precinct) to the north of the Yoyogi Military Training camp to house the main shrine and the Gaien (outer precinct) at the Aoyama military training camp to house the Meiji Memorial Picture Gallery and athletics facilities. The Meiji Jingu Naien and Gaien (inner and outer gardens) were designated scenic areas to preserve the landscape.

In September 1945, immediately after the end of World War II, the 1st US Cavalry Division set up camp at the Yoyogi Military Training Camp, which was requisitioned in December of the same year. Subsequently, the GHQ ordered the Japanese Government to build a US military family housing complex (Washington Heights) consisting of several hundred housing units, an elementary school, and a church. The GHQ also requisitioned the athletics stadium in the Gaien, and renamed it the Nile Kinnick Stadium. Later, Washington Heights and the Nile Kinnick Stadium were returned to Japan, with the Yoyogi Stadium built on the site of the former and the former National Stadium on the site of the latter.

A bird's-eye view of central Tokyo from the sky shows that the Jingu Naien and Gaien Gardens, Shinjuku Gyoen, Akasaka Palace, and the Imperial Palace form a network of greenery in the heart of Tokyo. Yoyogi Stadium and the National Stadium are nestled in this green network.

On the other hand, if one gets off at JR Shibuya Station and walks up the hill toward the north, passing by one of the busiest areas in Japan, Yoyogi Stadium stands on the top of a small hill, where Yoyogi Park and the Jingu Naien spread out beyond its line of sight. Yoyogi Stadium has served as a mediator between the hustle and bustle of Shibuya and the quietness of Meiji Shrine.

Similarly, if one gets off at JR Sendagaya Station and walks down the hill, passing by the Tokyo Metropolitan Gymnasium designed by architect Fumihiko Maki, the National Stadium appears. Both the Tokyo Metropolitan Gymnasium and the National Stadium were built as low as possible out of consideration for the surrounding cityscape, forming a cluster of sports facilities nestled in the woods. (Saikaku Toyokawa)

p. 023　Model of Meiji Shrine Inner and Outer Gardens
p. 024　Japan National Stadium Viewed from Yoyogi National Stadium
p. 025　Yoyogi National Stadium Viewed from Japan National Stadium

p. 026 Guide Map in National Indoor Stadium Construction Record (1964)
1. Main Gymnasium / 2. Attached Gymnasium / 3. NHK (Japan Broadcasting Corporation) / 4. Shibuya Ward Office Main Building / 5. Kishi Memorial Gymnasium / 6. Japan National Stadium / 7. Tokyo Gymnasium / 8. Tokyo Aquatic Center

p. 027 Meiji Shrine Inner Garden/Outer Garden During Tokyo 2020 Olympics

1-2. Lines

——— p. 028

I think that Japanese architectures is fundamentally the architecture of lines. This can be traced back to the fact that the main building material used is wood, and you cannot escape from the fact that the limitation of wood which is created by living organisms consists of the fact that it consists of lines. Japanese structures consist of aggregates of lines that are woven together by combining linear wooden members, and in that sense, they can be thought of as a woven fabric.

Modernist Japanese architecture which was built by pouring the concrete on site is subject to the limitations of concrete as a gooey thick liquid, and inevitably results in a structure that is basically heavy and has bad ventilation.

Tange who was aware of this limitation struggled to introduce lines that were as delicate as possible into his concrete structures. From a certain perspective, the act of forcibly introducing an extremely difficult mechanism consisting of a suspension structure using metal wire was one of the greatest performances in his life. Tange focused on effectively making the suspension cables that were manufactured by bundling together thin wires look like they were delicate wires. Rather than hiding the wires, he carefully segmented them so that they appeared to be special fittings.

The introduction of lines into the large roof is another highlight of the Yoyogi Stadium. Positioning the suspension members on top of the roof, and covering them with metal plates expresses the members as strong lines and gives an accent to the roof, which is the most remarkable detail of this structure. The portion of the roof where the seams are lined up is called a ribbed seam, and created a beautiful rhythm of lines on the roof of a post-war structure in Japan that was covered with thin metal plates. Tange invented a monumental ribbed seam on a scale suitable for a huge roof.

Conversely, the thing that I dreaded the most for the huge stadium of 2020, in which wood was used as the main material, was the possibility that the large overall volume would be filled with delicate linear wood members so that the surface and volume would not be felt, resulting in the lines disappearing. Therefore, we exposed the steel beams as an accent of the linear materials that have a presence, giving the structure a linear rhythm and sense of transparency.

Tange's challenge of effectively disconnecting the lines of the suspension members from the orthogonal grid was an impressive achievement. Lines which are dominated by an orthogonal grid of which a rigid-frame structure is representative are not free, and rigidly close off the structure. Tange was well aware of this, and used lines as free unrestricted suspension members that were extended from the orthogonal grid. For the year 2020, lines were used as diagonal members that are suspended in the air, avoiding the boring order of 90 degree angles. (Kengo Kuma)

A few more details about the lines

The roof plan of Yoyogi Gymnasium No. 1 shows that the roof surface is segmented horizontally and vertically about the axis connecting the two columns. On the other hand, since the main cables and reinforced concrete spectator stands, which form the edges (boundary conditions) of this roof surface, are curved, it is evident that many of the steel plates that constitute the roof surface have different dimensions and shapes. The staff members who worked on the design of Gymnasium No. 1 under Tange struggled to find the geometric rules for determining the shape of the steel plates. In the end, they were not able to find them and instead worked with the steel plate manufacturer to make careful adjustments.

Also, looking up from inside Gymnasium No. 1, one can see the beautiful ceiling surfaces. Two reasons contribute to this beauty. The first is that the ceiling panels are arranged along the suspended structure, making the exterior and interior appearances almost identical. In many gymnasiums and halls, the structure supporting the main roof and the ceiling surface diverges. For example, in the Sydney Opera House, the exterior surface of the beautiful shell does not match the interior of the hall.

Another reason is that the first gymnasium has no air conditioning or acoustic equipment suspended from the ceiling. In particular, the temperature inside Gymnasium No. 1, is controlled by supplying warm or cold air through large nozzles built into the walls, an idea conceived by HVAC engineer Uichi Inoue. One can recognize Gymnasium No. 1 as a building where design, structure, and facilities are integrated at the highest level.

The roof plan of the National Stadium shows that the roof primarily consists of stainless steel with some glazed sections. When viewing the National Stadium from the top of the adjacent building, one can see the dynamic curvature of the main roof, along which the stainless steel members form a beautiful set of lines. Additionally, because natural light is generally required to grow natural turf in the field, the roof of the National Stadium has glazed sections on the southeastern side to let in as much natural light as possible. Standing on the field and looking up at the ceiling from directly under the glass, one can see how a set of cantilevered beams spanning approximately 60 m weaves a beautiful silhouette. (Saikaku Toyokawa)

    p. 028 Roof on Yoyogi Stadium 1st Gymnasium
    p. 029 Roof on Yoyogi Stadium
    p. 030 Internal Appearance of Yoyogi Stadium 1st Gymnasium
    p. 031 Roof on Japanese National Stadium Spectator Stands
    p. 032 Roof Plan/Reflected Ceiling Plan of Yoyogi Stadium 1st Gymnasium
    p. 033 Roof Plan/Reflected Ceiling Plan of Japanese National Stadium
    p. 034 Cross-Section Drawing of Yoyogi Stadium 1st Gymnasium
    p. 035 Elevation of Japanese National Stadium

1-3. Eaves
——— p. 036

Modernism negates sloped roofs and eaves, and attempted to close people into concrete boxes which were most suited to industrialization. Naturally, concrete boxes do not have eaves.

However, Tange was fully aware that eaves attracted people to structures, and eaves connected people with nature, and he boldly and artfully introduced eaves into the structure during the age of modernism.

The beautiful roof on the Yoyogi National Stadium is often compared to the beautiful curves in the large roof on the Toshodai-ji Temple, but I felt that more than this, the beautiful eaves are an expression of Japanese style. The large roof hangs over the approach, creating a large amount of space beneath the eaves as well as shade, and those eaves connect the inside and outside, or in other words, they connect the building with nature. As depicted by the book "In Praise of Shadows", light is reflected off of the white granite floor, illuminating the eaves. By paying careful attention to the structural materials that support the eaves and the details of the panels, Tange inherited and attempted to transcend traditional Japanese architecture.

The space around the indoor pool is fundamentally designed as a space beneath large eaves rather than interior space. The central interior design theme for Tange consisted of making the eaves look majestic with soft light, while balancing this with the light from the top lights that rebounds off the floor.

The eaves on the 2020 Olympic Stadium were designed to play a leading role in the structure. During the design process, we focused our energy on how to divide the four layers of eaves around the outside with rafters, and how to provide the right rhythm. The rafters which have a human scale dimension of 105mm square, are designed as a filter to introduce the optimum flow of air into the building, and this functional requirement provides a rhythm to the rafters with a natural fluctuation.

The huge space beneath the eaves created by the large 60m cantilever structure roof over the stadium was designed as a fabric that is woven with steel beams and laminated wood that support the eaves. The soft texture of those eaves on this "wooden stadium" securely protect the stadium from rain and strong light. (Kengo Kuma)

A few more details about the eaves

Cantilevered reinforced concrete beams along circular arches support the spectator stands in the two gymnasiums of the Yoyogi Stadium. These dynamic architectural expressions can be considered the culmination of Tange's exploration of exposed reinforced concrete construction in his various works in the 1950s. Among the strong influences on Tange at that time was Le Corbusier. Le Corbusier's bold attempts at adopting exposed concrete constructions for the Unite d'Habitation in Marseille and administrative facilities in Chandigarh, India, attracted worldwide attention. Tange visited India and Marseille to see Le Corbusier's works and became convinced of the infinite possibilities inherent in the use of concrete.

Tange also collaborated with structural engineer Yoshikatsu Tsuboi for a long time and realized a series of bold shell-structured gymnasiums in earthquake-prone Japan. At the time, Tsuboi was keenly aware of the efforts of world-class structural engineers such as Eduardo Torroja and Pier Luigi Nervi, while striving for a beautiful structural design that surpassed them. In this respect, the dynamic expression of the eaves of the Yoyogi stadium can be said to be the fruit of Tange and Tsuboi's collaborative efforts.

When Yoyogi Stadium underwent renovation in the 1970s, many cracks were found in the exterior walls and eaves, so gray paint was applied over the exposed concrete surface to prolong its service life.

While the eaves of the Yoyogi Stadium's exposed concrete eaves are structural elements of the spectator stands, the National Stadium has multi-layered wooden eaves covering its perimeter. The wooden eaves alleviate the oppressive impression of the massive walls of the National Stadium, creating a comfortable intermediate area between its interior and exterior. In addition, analysis of the wind environment around the National Stadium revealed that the prevailing winds differ between summer and winter. Therefore, the rafter intervals were adjusted accordingly to utilize the wind power to exhaust the heat and humidity inside the stadium in summer and to prevent the cold wind from coming in during winter. (Saikaku Toyokawa)

    p. 036 Under Eaves of Yoyogi Stadium 2nd Gymnasium
    p. 037 Under Eaves of Japanese National Stadium
    p. 038 Ceiling Surface of Yoyogi Stadium 1st Gymnasium
    p. 039 Ceiling Surface of Japanese National Stadium Spectator Stands
    p. 040 Cross-Section Drawing of Yoyogi Stadium 1st Gymnasium
    p. 041 Cross-Section Drawing of Japanese National Stadium

1-4. Arches

———— p. 042

Modernism ostensibly negated arches which consisted of great wisdom to rationally support structures as a convention of the past. However, Le Corbusier had already realized that arches were truly an outstanding tool, and he frequently used arches as an ingenious structure that played the leading role in defining space.

Arches are a product of Western masonry structures, and feel alien from Japanese architecture which is based on wooden structures, but slightly curved wooden beams were actually used in Japanese architecture, and arch shape curves called camber have been introduced to give various structures an arch effect.

Various shapes of arches were incorporated in the Yoyogi National Stadium, providing it with rich features. The spectator seats extend substantially towards the outside, creating large eave space beneath them, and this was made possible by the relaxed arch structure with a large span that was built using concrete.

The central portion of the large roof over the 2020 Olympic Stadium was raised 3 meters, forming a relaxed arch structure in the longitudinal direction, upgrading the stability of the structure.

Providing a slight rise of only 3 meters stabilizes the structure, and achieves softness called camber. Camber is a traditional technique that is used at the Katsura Imperial Villa. Architects in China struggled to make roofs on traditional wooden structures look larger than they actually were by raising the edges of the eaves. Conversely, on the other hand, the edges of the eaves were lowered in Japan with curves called camber in order to make the structure appear smaller, a technique which was honed in order to blend in with the surrounding environment. This 3 m raised arch is a translation of the camber technique into a modern form. (Kengo Kuma)

A few more details about the arch

Yoyogi Gymnasium No.1 is structurally composed of the following three systems:

a) A suspended roof surface between the main cable and the perimeter of the stands.

b) A central structure that forms a balancing system similar to a suspension bridge between the main cable, main poles (columns,) anchor blocks, and struts, with the forces from the roof surface as the primary load.

c) An outer structure that forms a balancing structure between the tension from the roof surface and the weight of the stand.

The two columns of the Gymnasium No.1 are 126 m apart, with a maximum span of 120 m in transverse section perpendicular to them. The arches in this gymnasium constitute the perimeter structure described in c), and they serve as ramps inside the building to guide spectators to their seats. Looking inside the gymnasium from the ramp along the arch, it is possible to see not only the arena but also almost all of the seating positions. This plan allows for safe evacuation of spectators in the event of an emergency such as an earthquake or fire.

In the 1950s and 1960s, many gymnasiums and convention facilities with suspended roofs were built worldwide. The Ingalls Rink at Yale University, designed by Eero Saarinen, has an enormous arch like a dragon's backbone, with a suspended roof running perpendicular to it. In contrast, Yoyogi Gymnasium No.1 is characterized by a roof surface that is structurally balanced between the curved main cables and the reinforced concrete arches.

On the other hand, the National Stadium is structurally composed of the following three systems:

a) A large roof with a series of cantilevered trusses with a triangular cross-section spanning approximately 60 m

b) Spectator stands with high earthquake resistance

c) Spread foundation with ground improvement

If the National Stadium had a regular circular plan like the Pantheon in Rome, and if the opening in the large roof were also a regular circle, it would have been possible to make the top of the large roof flat. However, since the actual plan of the National Stadium is elliptical and the opening at the top of the main roof is also elliptical, it was necessary to make a mukuri (convex curve) and raise the roof surface around the edge of the opening by 3 m to create the desired arch effect.

The large roof is a hybrid wood and steel structure with 60-m-long cantilevered beams. White round columns standing on the perimeter of the spectator stands pull the ends of the 60-m-long cantilevered beams. These white round columns are connected to oil dampers installed on the basement floor, which efficiently absorb seismic vibrations. (Saikaku Toyokawa)

> p. 042 External Appearance of Yoyogi Stadium 1st Gymnasium
> p. 043 External Appearance of Japanese National Stadium
> p. 044 External Appearance of Yoyogi Stadium 1st Gymnasium
> p. 045 Japanese National Stadium Spectator Stand Ceiling
> p. 046 Structural Schematic Diagram of Yoyogi Stadium 1st Gymnasium
> p. 047 Structural Schematic Diagram of Japanese National Stadium

Renovation of Tange Architecture: Thoughts Through Practice

Tomohiro Kimura, Executive Vice President, Tange Associates

———— p. 048

In recent years, the preservation and utilization of culturally valuable modern and contemporary architecture have been attracting attention both domestically and internationally, and society is shedding more light on the act of renovation for the preservation and utilization of architecture. Compared to designing a new building that creates value from scratch, designing a renovation is a modest and steady task of maintaining and preserving an existing building, yet I believe it is a meaningful act.

I myself have undertaken the renovation of a number of architectural masterpieces by Kenzo Tange.

In designing these renovations, it was important to consider the intent of the original design of the building and make sure that its value was not compromised. At the same time, the building must be adapted to meet the needs of the future, such as barrier-free access, improved seismic resistance, reduction of environmental impact, and modifications of facility function and use. It is difficult to reconcile these two aspects, as each building has unique characteristics and no single answer fits all.

Since its completion in 1964, Yoyogi Stadium has undergone a number of renovations, including repainting the roof and exterior walls, refurbishing building equipment, and replacing the seating areas with new ones. In preparation for the Tokyo 2020 Olympic and Paralympic Games, the building underwent seismic retrofitting, accessibility upgrades, and beautification through repainting the roof and exterior. The stadium has been used not only for sporting events but also for concerts, exhibitions, and many other purposes, and it truly embodies the concept of a living heritage. Architectural masterpieces that have undergone extensive renovation work are increasingly being recognized and appreciated as valuable architectural assets.

Yoyogi Stadium and the Kagawa Prefectural Government Office East Wing were designated National Important Cultural Properties in 2021 and 2022, respectively. In 2021, Docomomo International held a jury for the first Rehabilitation Award for buildings that have undergone excellent rehabilitation and are well preserved and utilized. Of the 18 buildings awarded worldwide, two works by Tange, the Yoyogi National Stadium and the Yamanashi Culture Hall, received this award. This recognition is mainly attributable to the fact that the buildings have been maintained and renovated without losing their values in the subsequent renovations since their creations.

This success is undoubtedly the result of the building owners' thorough understanding of their buildings' value and steady efforts to renovate them for over fifty years. The very act of maintenance and management itself holds great significance.

We have moved from an era in which people regarded growth as the only way to prosperity to an era in which people are questioning the meaning of prosperity in the future. The theme of pres-

ervation and utilization of historically and culturally valuable architectures can help embody the prosperity of the coming age.

p. 049 External Appearance of Yamanashi Culture Hall After Refurbishment

2 Tange's Personal Residence and Great (Bamboo) Wall: An analysis based on Katsura by Yasuhiro Ishimoto

2-1. Geometry of Katsura and Tange's private residence as vividly captured by Ishimoto
——— p. 052

Photographer Yasuhiro Ishimoto was born in San Francisco, USA, in 1921. Although he returned to his parents' hometown in Kochi Prefecture as a child, he moved back to the U.S. after graduating high school. After World War II, Ishimoto enrolled at the Institute of Design (New Bauhaus) in Chicago and learned the basics of photographic techniques and the sensibilities of formative arts. At that time, he used Lake Shore Drive Apartments designed by Mies van der Rohe as a training ground for his photography, where he mastered how to reproduce Mies' aesthetics of horizontality and verticality in his photographs using lower angles.

In 1953, Ishimoto visited Japan and became acquainted with Tange through an introduction by Ryuichi Hamaguchi. Later, he visited Katsura Rikyu with Arthur Drexler, then curator of MoMA, and photographed it. He recalls that Katsura Rikyu's engawa (a type of veranda in traditional Japanese residences) looked like the pilotis in Mies' architecture.

Ishimoto boldly trimmed off the roof of Katsura Rikyu to extract the geometry that the two buildings had in common. Many of his predecessors' photographs of Katsura Rikyu had focused on the entire building, including the thatched mukuri (concave-curved) roof. In contrast, Ishimoto concentrated on the beautiful geometry underlying the Katsura Rikyu and reproduced the proportional relationship between the thin wooden pillars and beams, the white walls, and the shoji screens in his photographs.

In July 1955, after Ishimoto showed Tange his photographs of Katsura Rikyu, Tange sent a letter to Walter Gropius, Charlotte Perriand, Ernest Rogers, Gio Ponti, among others, suggesting them to publish a collection of Ishimoto's photographs of Katsura Rikyu. This led to the publication of "Katsura," with commentary by Tan-

英訳録／English translation

ge and Gropius, by Yale University Press in 1960.

Meanwhile, Tange's private residence was completed in Seijo, Tokyo, in 1953. According to Akira Tarashima, an architect in charge of the project, the initial plan for Tange's private residence was a one-story wooden house reminiscent of Mies' Farnsworth House. The tracing paper sheets Tarashima kept clearly show the study process of this house, indicating how he gradually expanded the modest one-story wooden house to a larger, two-story structure. During this process, Tange adopted a slightly larger tatami size (2,400 mm x 1,200 mm) than the standard tatami size (1,800 mm x 900 mm) used in Japanese wooden houses. This is one of the reasons why Tange's private residence achieved a more horizontal and beautiful proportion than the typical Japanese wooden houses.

A comparison of Ishimoto's photographs of Katsura Rikyu and Tange's private residence reveals a striking similarity in the proportions of the pillars and beams, and the balance between the pilotis and shoji screens. It is clear that Tange himself was strongly conscious of Katsura Rikyu, and that Ishimoto recognized similar geometries in Tange's private residence and Katsura Rikyu.

Tange was also working on the main building and east wing of the Hiroshima Peace Memorial Museum concurrently with the design of his private residence. While both of these buildings were reinforced concrete structures, the latter was a two-story building in the pilotis style, designed with slender pillars and balconies around the perimeter, and the proportional relationship between pillars and beams is very similar to that of Tange's private residence.

Reinforced concrete buildings built in Japan generally require thicker columns and beams to withstand earthquakes, so they tend to be stocky in design. In response, Tange pursued architectural proportionality that transcended the differences between wood and reinforced concrete structures and showed how one could realize beautiful modern architecture in earthquake-prone Japan through structural innovations. (Saikaku Toyokawa)

> p. 052　The New Palace and Lawn
> p. 053　External Appearance of Residence in Seijo
> p. 054　View of Chushoin / Koshoin from South Side
> p. 055　1st Floor Pilotis for Seijo Residence
> p. 056　Veranda Adjacent to the Moon-Viewing Platform
> p. 057　View of Garden from 2nd Floor of Seijo Residence

2-2. Feeling of Materials in Katsura Imperial Villa and Great (Bamboo) Wall
——— p. 058

One day while work was proceeding on the Great (Bamboo) Wall, Buddi, an Indonesian who was in charge of the work, called me

with a sense of urgency, saying "This bamboo is terrible. Its all bent, and the sizes are all different. It really is terrible!"

I immediately headed to the Great Wall site due to the extraordinary tone of this call. However, unexpectedly, the random pieces of bamboo felt very beautiful. Rather than using bamboo that is all the same size and shape prepared by methodical staff at a Japanese construction company, this uneven bamboo felt more natural and true to the nature of bamboo.

You feel the same quality of freedom as with the stone path that extends from the Katsura Imperial Villa. The stone path is basically a geometrically linear path. However, by utilizing natural stones with various free shapes, the craftsmen who built the villa transformed geometry into physis (nature) with the universe of logos (logic), or in other words, the realm of sensitivity.

This transformation created a realm of freedom at the Katsura Imperial Villa that facilitates an escape from the world dominated by logos (logic). This achieved a transformation into a garden of physis (nature). For some reason, the curved uneven bamboo that was lined up in the wilderness in China led me from the world of logos (logic) to the world of physis (nature).

The things brought about by this transformation as a result of an escape from Japan are suggestive. I attempted to escape from Japan around the year 2000 due to the repetition of logos (logic) and the feeling that it was cramped and restrictive. The destinations of China and Europe that I selected were full of uneven noise, which is not comparable to the precision craftsmanship of Japan. However, I was liberated by this noise.

I imagine that the same thing happened to the photographer Yasuhiro Ishimoto. I think that Ishimoto was saved in a certain sense when he encountered the noise at Katsura Imperial Villa since the aesthetics of Bauhaus dominated by logos was hammered into him in Chicago. Rather than apply Bauhaus methods to the Katsura Imperial Villa, the properties of the logos type methods of Bauhaus were changed by the Katsura Imperial Villa. Japan was such an alluring place that it had this kind of catalyzing power. (Kengo Kuma)

> p. 058　View from the Moon-Viewing Platform
> p. 059　Great (Bamboo) Wall Tea Room
> p. 060　Katsuragaki Hedge
> p. 061　Bamboo Screen in Great (Bamboo) Wall

2-3. Diverse Types of Materials
——— p. 062

While England and France who were the winners of the industrial revolution played a structural and figurative role in determining architectural trends, Germany and Austria who were the losers attempted to oppose this with non- structural and environmentalist architectural designs, proposing a different type of affluence from the winners. The history of 20th century architecture can be summarized in this manner. The designs of architects from the winning countries can also be called southern oriented, and the designs of architects from the losing countries northern oriented. For example, Le Corbusier who was from a winning country inherited the structural properties of Greece and Rome, in which "architecture was defined as the extensive body of knowledge collected under the light", and Bruno Taut opposed this by calling indefinite objects that emitted light "Alps architecture". When Taut encountered the non-structural architecture and gardens of Japan such as the Katsura Imperial Villa and stone garden at the Grand Shrine of Ise, he reaffirmed that he was northern oriented, and took a new step forward.

On the other hand, it appears that Japanese architects in the 20th century were torn between a southern and northern orientation. This was the result of the question of whether architects of Japan as the "advanced country" which was the first country in Asia to succeed in the industrial revolution should pursue a southern orientation, or rather, work to deepen their relationship with environmentalist and spiritualist architecture, while anticipating the nature of locations in Asia who were late comers to the industrial revolution, rooted in the northern orientation incorporated in traditional Japanese culture.

I feel that Kenzo Tange was the architect who seriously faced this difficult problem and continued to be distressed and torn by this issue. He was the leader of modernism in Japan, and held the position as the leader of design in both name and substance of architecture and cities which are the framework of Japan as a country. Within the framework of national objectives from the time of the policy of national prosperity and defense to post-war reconstruction, the nation continued to request Tange to adopt a southern orientation and structural approach that had the best fit for an advanced industrial society. That conflict and agony continued to apply a feeling of tension to the architecture of Tange.

I feel that while going along with the strong post-war dedication of the southern oriented character of the MoMA and Yasuhiro Ishimoto who were attempting to interpret Katsura Imperial Villa structurally and geometrically, he did not look upward, but instead looked down at the stone garden and gardens around structures with a dark gaze because of his northern orientation. The northern orientation is impressed upon the strange maniac like photos taken by Tange at that time.

At that moment, Tange was not simply looking at the gardens. Tange was looking at the earth rather than the gardens. More accurately, he was trying to listen to the voice of the earth rather than looking at the earth. The earth voices sounds through materials, and these materials are the voice that attempts to directly reach our spirit rather than the so-called texture of the surface. From this perspective, Tange was an auditory architect rather than a visual architect.

When materials are examined visually, the material descends into the thin surface layer called the texture. The interest in materials in the post-modernism era and revival of materials consisted of interest in materials in that manner.

I deeply empathize with the path taken by Tange. I started my practice during the economic bubble, and when all of my jobs in Tokyo were cancelled due to the bursting of the bubble several years later, I left on a trip to visit regional areas. Listening to the voices emitted by the real materials I encountered in the hinterlands became the methodology that I subsequently used. There are various materials in a variety of locations around Japan, and a variety of types of earth are hidden in these locations. (Kengo Kuma)

p. 062 Stepping Stones Beside Onrindo
p. 063 External Appearance of Kadokawa Culture Museum
p. 064 External Appearance of Chokkura Plaza

The Katsura Imperial Villa: People and History
Kimura Sōshin, tea master
———— p. 066

I have always thought of the Katsura Imperial Villa (Katsura Rikyū) as the nue of Japanese architecture. A nue is a mythical creature in Japanese folklore that has the head of a monkey, the body of a racoon dog (tanuki), the limbs of a tiger, and the tail of a snake. It resembles the Greek Chimera, whose body similarly consists of parts of different animals.

The Katsura Imperial Villa is Japan's oldest strolling garden. It has been long and widely praised as the epitome of Japanese aesthetics for its 'harmonious integration of garden and buildings' (teioku ichinyo). Understandable though the praise accorded the Katsura Imperial Villa may be, if you examine it with a cool and dispassionate eye, what you find is a cacophony of disparate structures built over several decades by a succession of different owners. The structures are all permutations of sukiya style architecture including garden pavilions (azumaya) and shoin with integral grass-hut style tea rooms (sōan chashitsu). If the Katsura Imperial Villa can be viewed as an embodiment of perfection, it is also a manifestation of how obsession with beauty can give rise to a decadent excess of contrivance.

Bruno Taut praised the Katsura Imperial Villa as being 'so beautiful as to make me even want to cry'. He contrasted it with the Nikkō Tōshōgū Shrine, which he criticised as being 'oppressive' and 'bizarrely archaistic'.

英訳録／English translation

Taut wrote dismissively of the Nikkō Tōshōgū Shrine using the phrase 'ikamono und inchiki' (kitsch and fake) while lauding the Katsura Imperial Villa for its 'Moderne Qualität' (modern quality).

Is this really a fair assessment? Outwardly the Nikkō Tōshōgū Shrine and Katsura Imperial Villa look completely different, but is this not only superficial in the sense that they are both plagued by an identically morbid fixation with meticulousness and perfection? One has the opulence permitted by the power of the shogun, the other the refinement of courtly sophistication unique to the imperial court in Kyoto.

The Yōmeimon Gate of the Nikkō Tōshōgū Shrine is also known as the Higurashimon, which means one can look at it from dawn to dusk without tiring of it. The Katsura Imperial Villa was originally created in the spirit of a 'simple tea hut in a melon field' (uri-batake no karoki chaya), but it soon departed from this to become a paradise of sukiya style architecture displaying every conceivable form of artifice. The Nikkō Tōshōgū Shrine does not pretend to be anything other than what it is. By comparison the Katsura Imperial Villa's attempt to capture the essence of nature is convoluted and misleading.

Sukiya style architecture was born out of the fusion of shoin architecture with the aesthetics of the grass-hut style tea room. The creation of the Katsura Imperial Villa was a grand experimental building project in which nearly every possible permutation of sukiya style architecture was combined with a Japanese style strolling garden. It is praised and valued as a visual treasure trove that offers an infinity of picturesque views among which none can be considered more authoritative or valid than any other.

The Katsura Imperial Villa defies conventional ways of appreciation. Each visitor looks for what they want to see and homes in on specific features of the landscape accordingly. Some people interpret what they see in western art historical terms such as Mannerism or the Baroque. Others look to Japanese aesthetic concepts such as wabi and sabi as a way of interpreting the exquisite craftsmanship they find all around them.

Photography can be thought of as a way of framing for eternity a view frozen at a particular moment in time. Indeed the term kōga – composition in light – was formerly used to mean photography. It is the perfect medium for dealing with the uniqueness of the Katsura Imperial Villa.

The architect Tange Kenzō praised Ishimoto Yasuhiro's photographs of the Katsura Imperial Palace as brilliant exercises in deconstruction that challenged the predominance at the time of orderly and conventional representations of sukiya style architecture.

Were one to look for commonalities between Tange Kenzō's architecture and the Katsura Imperial Palace, it would be in Tange's use of linear compositions that reflected his championing of the

Jōmon and Yayoi periods. More recently, as with Kuma Kengo, the focus of attention has shifted to the intricate use of materials such as bamboo, wood, and stone.

The Katsura Imperial Palace as an experiment in heterogeneity and perfectionism has become a touchstone for testing individual aesthetic perspectives and a mirror reflecting shifting cultural propensities.

p. 067 Two Rooms in Shokintei Teahouse

My Architecture and Our Architecture
Kenya Hara, Graphic Designer
———— p. 068

These are the works of two architects who have symbolically embodied the transition of Japan's national conditions, economy, and culture.

It may sound somewhat exaggerated, but humanity is a creature that has come to recognize the "life" of a single generation as "I." The human brain has created the illusion of "I" in the life of a single generation, perhaps because humans have pursued the continuation of life across generations while seeking the optimum survival of a single individual. As a result, human society has arrived at a "modern society" that highly respects each individual's uniqueness and freedom through many twists and turns. Gone are the days when exquisite craftsmanship and ornamentation were the hallmarks of the prosperity of a kingdom, replaced by the era of rationality. The relationship between material, function, and form has become streamlined and concise in the environmental formation, and the era spawned so-called modernism. Rational thinking revolutionized not only the state of the nation and society but also architecture and its philosophy, in step with the dramatic advancements in technology.

While Japan was recovering from the devastating defeat in World War II, modernism and technological innovations were exerting a tremendous influence on the country, and Kenzo Tange was one of the most outstanding talents to emerge from this period. In a society where the idea of "I" was glorified, people were thrilled by the rise of talented individuals and embraced unorthodox monuments with applause. The year 1964 was indeed a time when "I" flourished in Japan.

On the other hand, in 2020, the trend in people's mindset worldwide was beginning to change dramatically. To put it bluntly, this was a time when the subject matter of society was gradually shifting from "I" to "we." With a growing awareness of the environmental crisis and the contradictions caused by conflicting desires spewing out before our eyes, an atmosphere was beginning to emerge in which unbridled expression of "I" was not tolerated. The advent of the Internet society also created a strange pressure that subtly discouraged the prominence of individual talents. This situation is challenging for architects since they are expected to manifest the monumental. Against this backdrop, architect Kengo Kuma continues to fly freely and audaciously through the forests of architecture, like a flying squirrel gliding effortlessly through a windless forest. Kuma advocates "architecture of defeat," and his ability to co-create architectures based on a more flexible subject, "we," involving the environment, the world, the times, and the client, distinguishes himself from other architects of his time.

The photographs of the Yoyogi Gymnasium by Yasuhiro Ishimoto, who inherited the spirit of the Bauhaus via the New Bauhaus in Chicago and looked at his subjects with a modernist eye, has captured the soaring architecture of Kenzo Tange in a solid manner.

On the other hand, Mikiya Takimoto, a photographer who continues to renew his expression by grasping the evolution of the camera with his senses, beautifully captures the impartial "we" nature of Kengo Kuma's architecture from a bird's eye view angle, which exudes a sense of flatness rather than a soaring presence.

p. 069   Upper: Yoyogi Stadium 1st Gymnasium and 2nd Gymnasium
Lower: Roof of Yoyogi Stadium

3 Tange in Paris / Kuma in Paris

3-1 Tange in Paris
———p. 072

On July 20, 1951, Tange landed in Paris after attending the 8th CIAM held near London. In a postcard to his family, Tange mentioned the large number of American tourists visiting Paris and wrote, "Many people seem to be angry about it because they say it ruins the Parisian mood. But it helps that an increasing number of people speak English." He also met Henri Matisse during his stay in Paris. He was surprised to hear that Matisse was interested in skyscrapers in New York since Matisse had designed every tiny detail of the Chapel of the Rosary with his hand. After meeting with Matisse, Tange became convinced that the future challenge of architecture would be "the conflict between hand and machine."

Meanwhile, Charlotte Perriand made several visits to Japan before the war, and published a special issue of the architecture magazine L'Architecture d'Aujourd'hui (May 1956 issue) on Japanese architecture with André Bloc and others. This issue introduced the works of Le Corbusier's disciples, such as Junzo Sakakura and Ku-

nio Maekawa, Tange's works, and Ishimoto's photographs of Katsura Rikyu.

In a telegram dated March 11, 1959, Bloc notified Tange that he would receive the magazine's first International Architecture and Art Grand Prix for his designs of the former Tokyo Metropolitan Government Building and the Sogetsu Kaikan. The February-March 1959 issue of L'Architecture d'Aujourd'hui described Tange's winning of the award as follows:

KENZO TANGE, WINNER OF THE FIRST ANNUAL INTERNATIONAL GRAND PRIX

In our May 1958 issue, 77, we announced the creation of an annual International Grand Prix for Architecture and Art, intended to "reward the authors of the work judged best either for the high quality of its architectural plasticity, or for the successful integration of contemporary art into architecture, or for the combination of these two qualities."

On March 10, the Jury, made up of the A.A. Editorial Board and personalities from the world of the arts, met to award the prize, and decided to put the works of world-renowned architects out to be judged, with the aim of helping new talent to become better known.

It was Kenzo Tange, the Japanese architect who designed the Tokyo Municipal Government Building and the Sogetsu Kaikan in 1958, who won the majority of votes in the first round.

Kenzo Tange demonstrated a wide range of qualities: sensitivity in his artistic research, inventive power, excellent use of materials, quality of detail, and a highly personal creative talent.

Kenzo Tange is also the author, alone or in collaboration with other architects, of numerous earlier projects, including Hiroshima Peace Memorial Park and Children's Library, Shimizu City Hall, Tsudajuku University Library, Tosho Printing Company Haramachi Factory, and Former Shizuoka Convention Hall.

Architect Kenzo Tange will be invited by the promoters of the Grand Prix to visit France, where he will be the guest of a prestigious Parisian hotel. As a souvenir, he will be presented with a work by a renowned contemporary artist. It is likely that the Franco-Japanese friendship events that will take place during Kenzo Tange's forthcoming stay in Parus will be held under the patronage of the Japanese Ambassador and Parisian personalities.

The award ceremony and a cruise party on the Seine took place on June 17 of the same year, with Perriand also in attendance. In his speech, Tange referred to Le Corbusier's influence on Japanese architects and stated, "We want to build on what we have learned from your country and create modern Japanese architecture that reflects the reality of the country and properly inherits the traditions of Japan.

英訳録／English translation

Paris Mayor Jacques Chirac commissioned Tange to design a mixed-use facility consisting of a cinema arts center, hotel, stores, and offices along the Place d'Italie, the center of the 13th arrondissement in the southeastern part of Paris.

This facility, completed in 1992, is characterized by three main features: first, the building height is limited to 40 m to harmonize with the surrounding buildings; second, a gate-like façade was built on the outer circle of the plaza; and third, the design emphasizes the continuity between the plaza and the atrium.

Tange's study sketch of the Grand Ecran shows how he painstakingly tried to establish a relationship between the circular plaza at the front of the site, the building, and the city hall. (Saikaku Toyokawa)

p. 072   External Appearance of Sogetsu Hall
p. 073   Internal Appearance of Sogetsu Hall
p. 074   Letter from Le Corbusier to Kenzo Tange
p. 075   Upper: Kenzo Tange and André Bloc at Party on Ship
         Middle: Appearance of Party on Ship
         Lower: Charlotte Perriand at Party on Ship
p. 076   External Appearance of Grand Écran
p. 077   Sketch Drawn by Kenzo Tange for Grand Écran

3-2. Kuma in Paris
———— p. 078

I feel that the feeling of tension in the space between logos (logic, principle) and physis (nature) represents the dynamism of French culture. The conflict and tension between the logos from Latin and physis from Celtic/Gallic made this country into a country of culture. This consists of the conflict between the centralized governmental bureaucracy centered in Paris and the freedom of France in the countryside, and the fight between the hard materials of stone and concrete, and the soft materials of wood, earth and straw. I learned that my architecture resonated with a certain portion of the French people when I repeatedly won competitions in the regional cities of Besançon and Marseille, and the region of Provence. I did not know why, but something in my architecture resonated with them. This may be the physis (nature) in my architecture.

In the same manner, French people were drawn to the physis of Ukiyo-e, and this may have resulted in the creation of art with an astonishing level of freedom called the impressionistic style.

My architecture which started in the regional areas of France gradually began to be built in Paris. The entrepreneur Albert Kahn at the end of the 19th century who built the foundation of the Albert Kahn Museum left on a trip to the Far East, which was probably motivated by a desire to find that freedom, and brought back Japanese gardeners to Paris to create a Japanese garden in Paris

dominated by physis at a time when Paris was dominated by logos. We designed the new building in an effort to extend and expand the softness of the Japanese garden.

We designed the new Saint-Denis–Pleyel station as a garden. Rather than a normal station, we wanted to create a three-dimensional garden with the freedom to allow anyone to walk around and interact with greenery. If logos (logic) did not exist, you could not take the railroad to go places, but with logos alone, the railways and cities would be boring places.

The Saint-Denis area is known for having the largest number of immigrants in Paris, and for its high level of crime. Since this is a place with a lot of noise, physis (nature) is needed rather than logos (logic). I may be attempting to bring back the freedom and tolerance of Ukiyo-e 150 years after Ukiyo-e was brought to Paris. (Kengo Kuma)

p. 078   Roadside External Appearance of Albert Kahn Museum
p. 079   Japanese Garden Side External Appearance of Albert Kahn Museum
p. 080   External Appearance of Saint-Denis–Pleyel Station
p. 081   Internal Appearance of Concourse Atrium at Saint-Denis–Pleyel Station
p. 082   External Appearance of La Galilée de Saint-Maurice d'Angers (New Entrance for Angers Cathedral)
p. 083   External Appearance of Front of La Galilée de Saint-Maurice

Memories of Paris with My Father, Kenzo Tange
Paul Noritaka Tange, Architect
———— p. 084

My Father, Kenzo Tange, known as "Tange of the world," was a man of few words, even to me, his son. However, his words, "Focus for seventy-two hours," made a lasting impression on me. I believe these words, which he took to heart, inspired his concentration, which led him to create numerous projects and became the cornerstone of his reputation as the "Tange of the world."

My father's first trip abroad was in 1951, when he was 38 years old.

He was invited to the 8th CIAM (Congrés Internationaux d'Architecture Moderne) held in London to report on his Hiroshima project. Since he wanted to make the most of his first trip abroad, he spent about two months traveling around Europe on his way home to visit various architectural and sculptural treasures he had always dreamed of seeing. In Rome, he went to see the Pietà and Piazza del Campidoglio by Michelangelo, whom he admired very much, and in France, he visited the Unite d'Habitation in Marseille, one of Le Corbusier's masterpieces and the Chapelle du Rosaire in Vence in southern France, designed by Father Couturier and Matisse.

Later, my father's overseas work area expanded naturally, and in the 1970s, it became increasingly difficult for him to oversee overseas projects from Tokyo. Since I was studying in Switzerland then, he established an office in Paris in 1976.

Whenever he came to Europe, he would always stop by Le Rosey, a boarding school in Switzerland where I studied. My mother would always accompany my father on his business trips, so I have fond memories of the time we spent together as a family.

In 1983, my father was elected a member of the Académie des Beaux-Arts. Because its membership is limited to 40 members and is for life, members are called "immortals." In the event of a vacancy, all members of the Academy examine the qualifications and achievements of the candidates, and only those who receive an absolute majority are admitted as new members. The Academy is a highly prestigious institution, and admission to its membership is considered the highest honor for a French citizen. My father was nominated in the architecture category of the foreign nationals quota and passed the rigorous screening process the same year, which was an exceptional accomplishment.

The process of joining the traditional academy and preparing for the initiation ceremony was quite arduous. Still, my father always enjoyed working hard and attentively with the people around him, despite cultural differences and the solemnity of the ceremony with its historical background.

In 1984, a year after becoming a member of the Academy, Kenzo Tange visited Paris at the invitation of former President Jacques Chirac, then mayor of Paris. Mr. Chirac asked him to conceptualize the redevelopment plan of Place d'Italia (a city center in the 13th district in southeast Paris) and design a building there to restore the old and new order in Paris.

The Place d'Italia is one of the largest plazas in Paris, with a diameter of 200 meters. My father designed the Grand Ecran (French for "giant screen"), a facility intended to stimulate community activities and increase the potential of Place d'Italia, which was completed in 1992. The plaza-side wall is a concave-curved façade designed to accentuate the circular plaza and open the glass-walled, light-filled atrium to the plaza, inviting people to come in. The facility houses a mixed-use cultural complex with a shopping center, hotel, and offices.

In 1990, Kenzo Tange also proposed the Seine River Left Bank redevelopment plan in eastern Paris, including the area around Gare d'Austerlitz. As a background of the project, a clear urban plan had yet to be formed for the area, delaying its revitalization. My father proposed an urban structure that would fully utilize the riverfront site so people would always recognize the presence of the Seine.

Because the opening ceremony of the 2024 Olympic Games will be held on the Seine River, I plan to watch it with great interest.

The Nice Asian Art Museum, completed in 1998, was created through the friendship between my father and his friend, Mr. Pierre-Yves Trémois.

Mr. Tremor's devotion to the East led to the establishment of the museum concept of Taoism, one of the Eastern schools of thought, and the museum's expression of the Asiatic Universe. The building is set in the beautiful gardens of Parc Phoenix in Nice and is inspired by the image of a swan floating on the central pond.

In retrospect, I cannot help but feel my father's resilience in grasping the trends of the times and embracing them as his own, the breadth and depth of his social relationships, and his ability to involve everyone to accomplish something significant. Kenzo Tange was able to undertake many projects abroad, thanks to the great efforts of all those with whom he formed close friendships. I would like to express my deepest gratitude once again.

As for the Tokyo Olympics, which is also the theme of this exhibition, my father worked on the projects for the Tokyo Olympics in 1964, when Japan became the host country for the first time while it was recovering at a remarkable pace from the aftermath of the World War II, and I was involved in the projects for the 2020 Olympics amidst the new coronavirus pandemic. Adversity is unavoidable at all times.

For the 1964 Olympics, my father designed the Yoyogi Stadium, known for its suspension bridge structure, within a limited budget and construction period. Due to delays in start of construction, the construction work proceeded around the clock, day and night, including during the year-end and New Year's holidays. Nevertheless, the finished stadium was outstanding, and after its completion, he received an award of merit from the International Olympic Committee, a rare honor for an architect.

For the 2020 Olympics, I was involved in the design of the Tokyo Aquatics Centre, where "reuse" and "sustainability" were the top priorities. I wanted to participate in this project to express my respect for my father, so when I was chosen as the architect, I immediately went to my father's grave and informed him of my participation.

英訳録／English translation

In addition, the Yoyogi Stadium, designed by my father, needed modifications to keep up with the changing times and prepare for the 2020 Olympics. We at Tange Associates undertook the renovation, where the most critical considerations we needed to take included maintaining earthquake resistance capability while preserving the "original form" and enhancing barrier-free accessibility.

In August 2021, the Yoyogi Stadium, which has experienced two Tokyo Olympics, was designated a National Important Cultural Property.

I am sure my father, up in heaven, is delighted with this sequence of events.

The year 2024 will mark exactly a hundred years since the last Summer Olympics in France. I learned it aims to be the most environmentally friendly Olympics in the history of the Olympic Games, focusing on sharing and sustainability.

While some demands of the Olympics change with the times, one thing must never change: the Olympics must be a "celebration of peace." Baron Pierre de Coubertin, a French educator and founder of the modern Olympic Games, set forth the goal of the Olympics as "contributing to the realization of a peaceful world through sports."

Speaking of peace, the G7 Summit was held in Hiroshima in 2023 as I write this text. The Hiroshima Peace Memorial Museum and Peace Memorial Park, designed by Kenzo Tange, also served as Summit venues. Prime Minister Kishida spoke of my father's commitment to peace and said that the axis stretching from the A-bomb Dome to the Cenotaph and the Peace Memorial Museum represents the principle of peace that Japan has upheld and the direction in which we should move forward.

In the current severe security environment, where diverse values are arising and peace is demanding more attention, I feel it is of great significance that the Olympics will be held in Paris, France, where my father formed many friendships and marked his history.

> p. 087 Upper: Kenzo Tange and Paul Noritaka Tange
> Lower: External Appearance of Hiroshima Peace Memorial Museum

Chronology: The trajectories of the two world-famous architects and social conditions of the times

	age	Kenzo Tange	age	Kengo Kuma		World Events
1913	0	Born in Osaka			1913	
1914	1				1914	World War I
1915	2				1915	
1916	3				1916	
1917	4				1917	Russian Revolution
1918	5				1918	World War I Armistice
1919	6				1919	
1920	7				1920	Establishment of the League of Nations
1921	8				1921	Establishment of the Chinese Communist Party
1922	9				1922	Establishment of the Union of Soviet Socialist Republics
1923	10				1923	Great Kanto Earthquake
1924	11				1924	
1925	12				1925	
1926	13				1926	Beginning of the Showa era
1927	14				1927	
1928	15				1928	
1929	16				1929	Onset of the Great Depression
1930	17				1930	
1931	18				1931	Invasion of Manchuria
1932	19				1932	
1933	20				1933	
1934	21				1934	
1935	22	1935-1938 Department of Architecture, The University of Tokyo			1935	
1936	23				1936	
1937	24				1937	Marco Polo Bridge Incident in China. Beginning of Sino-Japanese War.
1938	25	Worked at Mayekawa Kunio Associates (until the end of 1941)			1938	
1939	26				1939	World War II
1940	27				1940	
1941	28				1941	Pacific War
1942	29	1942-1945 Graduate School, The University of Tokyo			1942	
1943	30				1943	
1944	31				1944	
1945	32				1945	European Front and Sino-Japanese War
						Atomic bombs dropped on Hiroshima and Nagasaki. Soviet Union declares war on Japan.
						End of World War II. Allied occupation of Japan began.
						Establishment of the United Nations
1946	33	Professor at the University of Tokyo			1946	Promulgation of the Constitution of Japan
		Studio Kenzo Tange				
1947	34				1947	
1948	35				1948	
1949	36				1949	Establishment of NATO (North Atlantic Treaty Organization)
1950	37				1950	
1951	38	Participated in the 8th CIAM in London. Visited Unite d'habitation, an apartment building by Le Corbusier in Marseille			1951	Signing of the San Francisco Peace Treaty and the Japan-U.S. Security Treaty
						Treaty of Paris (formally the Treaty establishing the European Coal and Steel Community)
1952	39				1952	
1953	40	House, Tokyo			1953	
1954	41	Main Building of Hiroshima Peace Memorial (Former Hiroshima Peace Center), Hiroshima	0	Born in Yokohama, Kanagawa Prefecture	1954	End of the First Indochina War
1955	42		1		1955	
1956	43		2		1956	Japan-Soviet Joint Declaration ending the war between the two countries
						Suez Crisis (Second Arab-Israeli War)
						Japan joins the United Nations

英訳録／English translation

	age	Kenzo Tange	age	Kengo Kuma		World Events
1957	44	Former Tokyo Metropolitan Government Office, Tokyo	3		1957	Treaty of Rome establishing the European Economic Community (EEC)
1958	45	Kagawa Prefectural Government Building, Kagawa	4		1958	
		Imabari City Hall Complex, Ehime				
		Former Sogetsu Hall and Office, Tokyo				
1959	46	Prix International d'Art et d'Architecture de l'Architecture d'Aujoud'hui, France	5		1959	
		Ph.D. from The University of Tokyo; thesis: Daitoshi no chiiki kozō to kenchiku keitai (Regional structures and architectural forms of large cities)				
1960	47	Kurashiki City Hall, Okayama	6		1960	Signing of Japan-U.S. Security Treaty (Treaty of Mutual Cooperation and Security between Japan and the United States of America)
		A Plan for Tokyo 1960				
		Prizes from Building Society, Japan (Kagawa Prefectural Government Building)				
		Yasuhiro Ishimoto, Kenzo Tange, KATSURA - Nihon kenchiku ni okeru dentō to sōzō (Tradition and creation in Japanese architecture), Chuo Koronsha				
		Katsura Tradition and Creation in Japanese Architecture (English Edition: Yale University Press)				
1961	48	Kenzo Tange & URTEC, Urbanists & Architects	7		1961	
		Tokyo Keikaku 1960 - Sono kōzō kaikaku no teian (A plan for Tokyo 1960 - proposal for structural reorganization), Shinkenchikusha				
		A Plan for Tokyo 1960: Toward a Structural Reorganization (English Edition: Shinkenchikusha)				
1962	49	Kenzo Tange, Noboru Kawazoe, Yoshio Watanabe (photographs), Ise - Nihon kenchiku no genkei (Ise - prototype of Japanese architecture), Asahi Shimbunsha	8		1962	
1963	50		9		1963	
1964	51	Yoyogi National Gymnasium, Tokyo	10		1964	Tokyo Olympics
		Saint Mary's Cathedral, Tokyo				
1965	52	Ise-Prototype of Japanese Architecture (English Edition M.I.T. Press)	11		1965	
1966	53	Yamanashi Press and Broadcasting Center, Yamanashi	12		1966	
		Master Plan for Reconstruction of Skopje City Center, Yugoslavia				
		Kenzo Tange, Noboru Kawazoe, Yasuhiro Ishimoto (photographs), 1946-1958 - Reality and Creation, Bijutsu Shuppansha				
1967	54	Bologna New Northern Development, Italy	13		1967	
		Medaille d'Or from Societe d'Encouragement au Progres, France				
1968	55	Kenzo Tange, Noboru Kawazoe, Yasuhiro Ishimoto (photographs), Gijutsu to ningen : Tange Kenzo + Toshi-kenchiku sekkei kenkyūjo 1955-1964 (Technology and humanity : Kenzo Tange + URTEC - 1955-1964), Bijutsu Shuppansha	14		1968	May 68
1969	56		15		1969	
1970	57	Master Plan for Expo '70, Osaka	16		1970	Japan World Exposition Osaka 1970 (Expo '70) is held in Osaka
		Kenzo Tange 1946-1969: Architecture and Urban Design (English, French, German Edition: Artemis)				
1971	58	University of Oran Including Hospital and Dormitory, Algeria	17		1971	
		Kenzo Tange & Study Team, Japan in 21st Century, Shinkenchikusha				
1972	59		18		1972	Restitution of Okinawa to Japan
1973	60	Baltimore Inner Harbor Project 2,500 Units of Residential Redevelopment, USA	19		1973	1973 Oil Shock
1974	61	Founding of Tange Associates. Tange is the CEO.	20		1974	
		Minneapolis Arts Complex, USA				
1975	62	University of Constantine students' residences, Algeria	21		1975	
1976	63	Algeria International Airport, Algeria	22		1976	
		Opening of Tange Associates' Paris office				
1977	64	Qatar Government Centre Master Plan, Qatar	23		1977	
		Royal Palace for H.R.M. the King, Saudi Arabia Jeddah, Saudi Arabia				
		Commandeur dans l'Ordre National du Merite France				
1978	65	Kenzo Tange (Studio Paperback: Artemis, Switzerland: in German and French)	24		1978	Treaty of Peace and Friendship between Japan and China
1979	66	Central area of New Federal Capital City of Nigeria, Nigeria	25	Graduated from Department of Architecture, Graduate School of Engineering at the University of Tokyo	1979	
		Kuwait International Air Terminal Building, Kuwait				
1980	67	Napoli Administration Center, Italy	26		1980	
1981	68		27		1981	
1982	69	Royal State Palace, Saudi Arabia Jeddah	28		1982	

	age	Kenzo Tange	age	Kengo Kuma		World Events
1983	70	Urban Design for Marina South, Singapore	29		1983	
		Membre Associe Etranger a l'Institutede France Academie des Beaux-Arts, France				
1984	71	Fiera District Center Master Plan, Italy	30		1984	
1985	72	KENZO TANGE ASSOCIATES Urbanists-Architects	31	Served as visiting scholar at Columbia University Graduate School of Architecture, Planning and Preservation Scholarship Researcher on Asian Cultural Council	1985	
		Ippon no Enpitsu kara (Autobiography), Japan Economic Journal				
1986	73	Nanyang Technological University, Singapore	32	*Juttaku-ron: 10 Types of Houses in which Japanese People Live,* Toso Publishing	1986	
		One Raffles Place Tower 1 (Former OUB Centre), Singapore				
1987	74	The Pritzker Architecture Prize	33	Established Spatial Design Studio	1987	
1988	75		34		1988	
1989	76		35	*Good-Bye Postmodern — 11 American Architects,* Kajima Publishing	1989	Beginning of the Heisei era
						Establishment of the Asia-Pacific Economic Cooperation (APEC)
						Fall of the Berlin Wall
1990	77		36	Established Kuma Kengo & Associates	1990	Bubble Burst (Burst of Japan's economic bubble)
1991	78	Tokyo Metropolitan Government Office, Tokyo	37		1991	
1992	79	Grand Ecran, France	38		1992	Maastricht Treaty (Establishment of the European Union)
1993	80		39		1993	
1994	81		40	Kiro-san Observatory, Ehime	1994	
				Shin-Kenchiku Nyumon (New Introduction to Architecture), Chikuma Shobo		
				Kenchikuteki Yokubo no Shuen (End of Architectural Desires), Shin-yo-sha Publishing		
1995	82		41	*Kenchiku no Kiki wo Koete* (Beyond Architectural Crisis), TOTO Publishing	1995	Establishment of the World Trade Organization (WTO)
				Water/Glass, Shizuoka		Great Hanshin-Awaji Earthquake (Kobe region)
						Tokyo subway sarin gas attack by the Aum sect
1996	83	Fuji Television Headquarters Building, Tokyo	42		1996	
1997	84		43	AIA (American Institute of Architects) DuPONT Benedictus Award for "Water/Glass" (USA)	1997	Retrocession of Hong Kong to China
				First Place Architectural Institute of Japan Award for "Noh Stage in the Forest"		
1998	85	Nice Asian Art Museum, France	44		1998	Nagano Winter Olympics
1999	86		45		1999	Currency integration. Introduction of the euro.
						Retrocession of Macao to China
2000	87		46	Nakagawa-machi Bato Hiroshige Museum of Art, Tochigi	2000	
				Anti-Object, Chikuma Shobo		
				Stone Museum, Tochigi		
2001	88		47	Togo Murano Award for "Nakagawa-machi Bato Hiroshige Museum of Art"	2001	September 11 attacks
				International Stone Architecture Award for "Stone Museum" (Casalgrande Padana) (Italy)		
2002	89		48	Spirit of Nature Wood Architecture Award (Finland)	2002	
				Great (Bamboo) Wall, China		
2003	90		49	*Kuma Kengo - Material Structure Details,* Shokokusha Publishing	2003	
2004	91		50	*Kengo Kuma: Materials, Structures, Details,* Birkhäuser	2004	
				Makeru Kenchiku (Architecture of Defeat), Iwanami Shoten (English translation available)		
2005	92	Passing of Kenzo Tange	51	*GA Architect 19 Kengo Kuma,* A.D.A. EDITA Tokyo	2005	
				Kengo Kuma: Selected Works, Princeton Architectural Press		
2006			52	Chokkura Plaza, Tochigi	2006	
2007			53	*Kuma Kengo: Lecture and Dialogue,* INAX Publishing	2007	
2008			54	Energy Performance + Architecture Award (France)	2008	2008 Financial Crisis
				Shizen na Kenchiku (Natural Architecture), Iwanami Shoten (English/French translations available)		
				Kuma Kengo & Associates Paris Office established		
2009			55	Decoration Officier de L'Ordre des Arts et des Lettres (Significant contribution to the enrichment of the French cultural inheritance) (France)	2009	
				KENGO KUMA RECENT PROJECTS, A.D.A. EDITA Tokyo		
				Studies in Organic, TOTO Publishing		
				Sozai no Keifu (The Origin of Materials), Graphic-sha Publishing		
				Material Immaterial: The New Work of Kengo Kuma, Princeton Architectural Press		
				Nezu Museum, Tokyo		

英訳録／English translation

age Kenzo Tange	age Kengo Kuma	World Events
2010	56 Mainnichi Art Award for "Nezu Museum"	2010
	Santei Shugi (Theories of Progress, Modernism and Rationalism) (Coauthored by Atsushi Miura), NTT Publishing	
	Kyokai: A Japanese Technique for Articulating Space, Tankosha Publishing	
	NA Architects Series 02 Kengo Kuma, Nikkei BP	
	Yusuhara Wooden Bridge Museum, Kochi	
2011	57 The Minister of Education, Culture, Sports, Science and Technology's Art Encouragement Prize for "Yusuhara Wooden Bridge Museum"	2011 Great East Japan Earthquake
2012	58 *Basho Genron* (Place Principles), Ichigaya Publishing	2012
	Nagaoka City Hall Aore, Niigata	
	Asakusa Culture Tourist Information Center, Tokyo	
	Nihonjin wa Dou Shinubekika? (How Should Japanese People Approach Death?) (Coauthored by Takeshi Yorou), Nikkei Business Publications	
	Taidanshu Tsunagu Kenchiku (Collection of Interviews on Architecture That Connects), Iwanami Shoten	
	KENGO KUMA: Extra Small, Small, Medium, Large, SHOKOKUSHA Publishing	
	Kuma Kengo Works 2006-2012, GA, A.D.A. EDITA Tokyo	
2013	59 *Chiisana Kenchiku* (Small Architecture), Iwanami Shoten	2013
	Kenchikuka, Hashiru (Architects Continue to Run), Shinchosha Publishing	
	Besançon Art Center, France	
	"Homelikeness", GA, A.D.A. EDITA Tokyo	
	Marseille Museum of Contemporary Art, France	
	Darius Mihaud Conservatory of Music, France	
	Sunny Hills Japan, Tokyo	
2014	60 *AV Monographs 167-168: Kengo Kuma Atmospheric Works 2000-2014*, Arquitectura Viva	2014
	Boku no Basho (My Place), B&B	
	Entrepôt Macdonald, France	
2015 Saikaku Toyokawa, Kenzo Tange (photographs), *TANGE BY TANGE 1948-1959. Tange Kenzo ga mita Tange Kenzo* (TANGE BY TANGE 1948-1959. Kenzo Tange as seen by Kenzo Tange), TOTO Publishing	61 Hikari, France	2015
	Kuma Kengo Onomatopoeia Kenchiku (Onomatopoeia Architecture), X-Knowledge	
	Monograph.It 6: Kengo Kuma, List Lab	
2016	62 Mont Blanc Base Camp, France	2016
	1st Prize for Wooden Architecture for "Mont Blanc Base Camp" (France)	
	Naze Bokuga Shin Kokuritsu Kyogijo wo Tsukurunoka (Why did I design the National Stadium?), Nikkei Business Publications	
	Global Award for Sustainable Architecture (France)	
	15th Public Architecture Award for "City Hall Plaza Aore Nagaoka"	
	Iconic Awards 2016 for "China Academy of Art's Folk Art Museum" (Germany)	
	Under One Roof Project for the EPFL ArtLab, Switzerland	
2017	63 Portland Japanese Garden Cultural Village, USA	2017
	Komorebi / Château La Coste, France	
	Archives Antoni Clavé, France	
2018	64 *JA 109, Spring 2018 - Kengo Kuma: A LAB for Materials*, Architecture and Urbanism Magazine	2018
	2018 AIJ (Architectural Institute of Japan) Education Award	
	Basho Genron II (Place Principles II), ICHIGAYA Publishing	
	V&A Dundee, United Kingdom	
	Kengo Kuma: Complete Works (Enlarged and revised edition, Coauthored with Kenneth Frampton), Thames & Hudson	
2019	65 Medal with Purple Ribbon	2019 Covid-19 pandemic
	Military Order of Savoy (Cavaliere di Gran Croce) (Grand Cross of the Equestrian Order)	Beginning of the Reiwa era
	The Exchange, Australia	
	Meiji Jingu Museum, Tokyo	
	John D. Rockefeller 3rd Award	
	Japan National Stadium, Tokyo	
	AV Monographs 218-219: Kengo Kuma 2014-2019, Arquitectura Viva	

	age Kenzo Tange	age Kengo Kuma		World Events
2020		66	*Ten, Sen, Men* (Point and Line to Place), Iwanami Shoten	**2020**
			Hito no Sumika - 1964-2020 (Shelters for People), Shincho Sencho	
			Kuma Kengo ni yoru Kuma Kengo (Kuma Kengo by Kuma Kengo), Daiwa Shobo	
			Takanawa Gateway Station, Tokyo	
			Tokyo Tokyo, KADOKAWA	
			GA Kengo Kuma Works 2013-2020, A.D.A. EDITA Tokyo	
			Tokorozawa Sakura Town Kadokawa Musashino Reiwa Shrine, Saitama	
2021	Designation of Yoyogi Stadium as an Important Cultural Property	67	*Kengo Kuma: My Life as an Architect in Tokyo* (Original in English and French), Thames & Hudson	**2021** Tokyo Olympics
			Topography, Images Publishing	
			Kengo Kuma: My Life as an Architect in Tokyo (Original in English and French), Thames & Hudson	
			Kenchikuka ni Naritai Kimi he (For You Who Want to be an Architect), Kawade Shobo Shinsha	
			Kuma no Ne (The Roots of Kuma's Works - Ten Last Lectures at the University of Tokyo), University of Tokyo Press	
			Kuma Kengo Hajimari no Monogatari: Yusuhara ga Oshiete Kureta Koto (Kuma Kengo Beginning Story: The Things Yusuhara Taught Me) (Photos: Mikiya Takimoto), Seigensha Art Publishing	
			KUMA Kengo WOOD – Materiality of Architecture, Culture Convenience Club	
			Kuma. Complete Works 1988–Today, TASCHEN	
			TIME100: The Most Influential People of 2021 (TIME Magazine)	
2022		68	New Hans Christian Andersen Museum, Denmark	**2022**
			Albert Kahn Museum, France	
			Kengo Kuma - the complete works, Daiwa Shobo	
			Minamisanriku 311 Memorial, Miyagi	
			Forest Edge, France	
2023		69	*TC 158- Kengo Kuma. Rural & neo-rural,* TC Cuadernos	**2023**
			Kengo Kuma, Editorial Arquitectura Viva	
			Nihon no Kenchiku (Japan and Japanese Architecture), Iwanami Shoten	
			Kengo Kuma – Mirror in the Mirror (Photographer: Erieta Attali), Hartmann Books	
2024		70	Saint-Denis Pleyel Emblematic Train Station, France	**2024** Paris Olympics

英訳録／English translation

略歴 | Profiles

隈 研吾

1954年生まれ。東京大学大学院建築学専攻修了。1990年隈研吾建築都市設計事務所設立。東京大学教授を経て、現在、東京大学特別教授・名誉教授。
1964年東京オリンピック時に見た丹下健三の代々木競技場に衝撃を受け、幼少期より建築家を目指す。大学では、原広司、内田祥哉に師事し、大学院時代に、アフリカのサハラ砂漠を横断し、集落の調査を行い、集落の美と力に目覚める。コロンビア大学客員研究員を経て、1990年、隈研吾建築都市設計事務所を設立。これまで40を超える国々で建築を設計し、日本建築学会賞、フィンランドより国際木の建築賞、イタリアより国際石の建築賞ほか、国内外で様々な賞を受けている。その土地の環境、文化に溶け込む建築を目指し、ヒューマンスケールのやさしく、やわらかなデザインを提案している。コンクリートや鉄に代わる新しい素材の探求を通じて、工業化社会の後の建築のあり方を追求している。最新の著書として、『日本の建築』（岩波書店、2023年）。

Kengo Kuma

Born in 1954, graduated from Department of Architecture, Graduate School of Engineering at the University of Tokyo, he established Kuma Kengo & Associates in 1990, and is currently a University Professor and Professor Emeritus at the University of Tokyo.

He was astonished by Kenzo Tange's Yoyogi Indoor Stadium built for the 1964 Tokyo Olympics, and decided to become an architect in his childhood. He studied under Hiroshi Hara and Yoshichika Uchida at university, and crossed the Sahara Desert in Africa while in graduate school, studying villages and during the process awakened to the beauty and power of villages. He established Kuma Kengo & Associates in 1990 after serving as a visiting scholar at Columbia University. To date, he has designed architecture in over 40 countries, and received numerous awards in Japan and overseas (including Architectural Institute of Japan Award, Spirit of Nature Wood Architecture Award from Finland and the International Architecture in Stone Award from Italy). He strives to create architecture that blends into the environment and culture of each location, proposing designs on a human scale that are gentle and soft. Kuma is pursuing the ideal form of architecture in the post-industrialized society era through a search into new materials that replace concrete and steel. His latest book is "Japan and Japanese Architecture" (published by Iwanami Shoten in 2023).

豊川斎赫

建築家・建築史家。1973年宮城県仙台市生まれ。
東京大学大学院工学系建築学専攻修了。現在、千葉大学大学院融合理工学府地球環境科学専攻都市環境システムコース准教授。主著に『丹下健三 戦後日本の構想者』（岩波書店、2016年）、『国立代々木競技場と丹下健三』（TOTO出版、2021年）など。

Saikaku Toyokawa

Architect and architectural historian. Born in Sendai, Miyagi Prefecture in 1973. Completed graduate studies at the Department of Architecture, Graduate School of Engineering, University of Tokyo. He is currently Associate Professor at the Department of Urban Environment Systems, Faculty of Engineering, Chiba University. His publications include Tange Kenzo: Sengo Nippon no Kososha (Tange Kenzo: Conceptualizer of Postwar Japan, Iwanami Shoten, 2016) and Kokuritsu Yoyogi Kyogijo to Tange Kenzo (The Yoyogi National Gymnasium and Tange Kenzo, TOTO Publishing, 2021.)

クレジット | Credits

写真 | photographs

石元泰博 | Yasuhiro Ishimoto
©Kochi Prefecture, Ishimoto Yasuhiro Photo Center
pp. 14-16, p. 28, p. 30, p. 36, p. 38, p. 42, p. 44, pp. 52-58, p. 60,
p. 62, p. 67, p. 69 above, p. 87 below

瀧本幹也 | Mikiya Takimoto
pp. 17-19, pp. 23-25, p. 27, p. 29, p. 31, p. 37, p. 39, p. 43, p. 45,
p. 59, p. 61, p. 69 below

新建築社写真部 | Shinkenchiku-sha
p. 49, p. 76

Forward Stroke Inc.
p. 63

阿野太一 | Daici Ano
pp. 64-65

Michel Denance
pp. 78-79

丹下都市建築設計 | TANGE ASSOCIATES
p. 87 above

以下の著作権者が判明しておりません。お心当たりのある方は、編集部まで
ご連絡ください。
The following copyright holders have not been identified. Anyone with
knowledge of any of them is invited to contact the editorial office.
pp. 72-73, p. 75

図版 | Drawings

丹下都市建築設計 | TANGE ASSOCIATES
p. 32, p. 40, p. 46

日本スポーツ振興センター | JAPAN SPORT COUNCIL
p. 33, p. 35, p. 41, p. 47

東京大学生産技術研究所川口健一研究室 | Kawaguchi Laboratory,
Institute of Industrial Science, the University of Tokyo
p. 34

Kengo Kuma & Associates
pp. 80-81

Kengo Kuma & Associates - Image by L'autreimage
pp. 82-83

所蔵 | Collections

高知県立美術館 | The Museum of Art, Kochi
pp. 14-16, p. 28, p. 30, p. 36, p. 38, p. 42, p. 44, p. 52, p. 54, p. 56,
p. 58, p. 60, p. 62, p. 67, p. 69 above, p. 87 below

国立代々木競技場世界遺産登録推進協議会 | General Incorporated
Association Yoyogi National Gymnasium Steering Committee for
World Heritage Nomination
pp. 17-19, pp. 23-25, p. 27, p. 29, p. 31, p. 37, p. 39, p. 43, p. 45, p. 59,
p. 61, p. 69 below

川添 歩 | Ayumu Kawazoe
p. 53, p. 55, p. 57

豊川斎赫 | Saikaku Toyokawa
pp. 72-73

内田道子 | Michiko Uchida
pp. 74-75

古市徹雄 | Tetsuo Furuichi
p. 77

出典 | Sources

『国立屋内総合競技場施工記録』関東地方建設営繕局、1964年 | Kokuritsu okunai
sougou kyogijou sekou kiroku (National Indoor Stadium Construction
Record), Kanto Regional Construction and Repair Bureau, 1964
p. 26

『建築文化』彰国社、1965年1月号 | KENCHIKUBUNKA, Shokokusha, 1965.1
p. 32, p. 40, p. 46

英訳 | English translation

ダイク・ゲーリー | Gary Dyck
隈研吾による執筆テキスト、図版キャプション（p. 23を除く）、年表中の隈研吾部分
Text written by Kengo Kuma, illustration captions (except p.23,)
and Kengo Kuma's section in the chronology

ルパート・フォークナー | Rupert Faulkner
木村宗慎によるテキスト
Text written by Soshin Kimura

坂本和子 | Kazuko Sakamoto
p. 23のキャプションと、上記以外
Caption on p. 23 and all texts except the above

英文校正 | English proofreading

織部晴崇 | Harutaka Oribe
坂本和子による英訳部分
All English texts translated by Kazuko Sakamoto

校正 | Proofreading

鷗来堂 | OURAIDO K.K.

編集協力 | Cooperation

国立代々木競技場世界遺産登録推進協議会 |
General Incorporated Association Yoyogi National Gymnasium
Steering Committee for World Heritage Nomination

本書は2025年夏に愛媛県今治市にて開催する
「丹下健三と隈研吾 東京大会の建築家たち」展の公式カタログです。

丹下健三と隈研吾——東京大会1964/2020の建築家

2024年12月23日　初版第1刷発行

著者　　　隈研吾、豊川斎赫
発行者　　渡井 朗
発行所　　TOTO出版（TOTO株式会社）
　　　　　〒107-0062 東京都港区南青山1-24-3 TOTO乃木坂ビル2F
　　　　　[営業] TEL: 03-3402-7138　FAX: 03-3402-7187
　　　　　[編集] TEL: 03-3497-1010
　　　　　URL: https://jp.toto.com/publishing
ブックデザイン　原 研哉＋中村晋平（日本デザインセンター）
印刷・製本　　　株式会社サンニチ印刷

落丁本・乱丁本はお取り替えいたします。
本書の全部又は一部に対するコピー・スキャン・デジタル化等の無断複製行為
は、著作権法上での例外を除き禁じます。本書を代行業者等の第三者に依頼し
てスキャンやデジタル化することは、たとえ個人や家庭内での利用であっても著
作権法上認められておりません。
定価はカバーに表示してあります。

© 2024　Kengo Kuma, Saikaku Toyokawa

Printed in Japan
ISBN978-4-88706-412-6